Código De Ley Canónica

Canon 66 "La economía cristiana, por tanto, ya que es la Alianza nueva y definitiva, nunca pasará; y ninguna nueva revelación pública se espera antes de la manifestación de nuestro Señor Jesucristo". Aún, aunque la Revelación esté acabada, no ha sido completamente explicitada; corresponderá a la fe cristiana comprender gradualmente todo su contenido en el curso de los siglos.

Canon 67 A través de los siglos, ha habido revelaciones llamadas "privadas", algunas de las cuales han sido reconocidas por la autoridad de la Iglesia. Ellas no corresponden, sin embargo, al depósito de la fe. No es su rol mejorar o completar la Revelación definitiva de Cristo, sino para ayudar a vivirla más plenamente en una cierta época de la historia. Guiada por el Magisterio de la Iglesia, el sensus fidelium sabe discernir y acoger lo que en estas revelaciones constituye una llamada auténtica de Cristo o de sus santos a la Iglesia.

La fe cristiana no puede aceptar "revelaciones" que pretenden superar o corregir la Revelación de la que Cristo es el cumplimiento, como es el caso de ciertas religiones no cristianas y también de ciertas sectas recientes basadas en tales "revelaciones".

**Maria Valtorta:**

Los siguientes son capítulos seleccionados de cuadernos de María Valtorta, la Visionaria a la que se le atribuye el mayor impacto en nuestra comprensión de los Evangelios desde los Apóstoles en que ella fue destinataria de una serie de revelaciones privadas (1943-1951) directamente desde nuestro Trino Dios y varias otras almas benditas incluyendo la Virgen Madre, los Apóstoles Juan y Pablo, San José, el ángel Azarías y muchos otros.

A la edad de 28 años, María Valtorta se ofreció como alma víctima y durante 36 años, ella padeció un incalculable sufrimiento corporal y espiritual en nombre de su prójimo. Murió el 12 de octubre de 1961, a los 64 años y fue enterrada en Varreggio, Italia. Con el permiso Eclesiástico, sus restos fueron trasladados a la Basílica de la Santísima Anunciación de Firene en Florencia, en la capilla del Gran Claustro.

Estas "novelitas" son selecciones de los dictados por tema, para su estudio más fácil, con ediciones de menor importancia para eliminar el comentario directivo que no era parte de la visión original o dictado y, donde fue necesario, también de edición gramatical para suavizar los errores de traducción, sin alterar o interpretar de cualquier manera, el contenido recibido en las visiones y los propios dictados, excepto tal vez sin saberlo, a través de los errores de traducción. Teniendo en cuenta que estas visiones y dictados están destinadas a abordar los problemas que han plagado a la humanidad desde el principio de los tiempos, y son tan relevantes hoy como lo serán milenios a partir de ahora y hasta el final de los tiempos, las notas al pie, para fomentar la comprensión, intentan

anclar varios puntos dentro de los textos en el contexto de los acontecimientos que tienen lugar en el mundo al momento que los dictados se llevaron a cabo.

## Sacerdote, Don Dolindo Ruotolo:

El Padre Dolindo Ruotolo, nacido en Nápoles, el 06 de octubre de 1882, la víspera de la fiesta de la Virgen del Santo Rosario - murió, en Nápoles el 19 de noviembre de 1070; sacerdote católico italiano, terciario franciscano y venerado como un Siervo de Dios por la Iglesia Católica. "Considerado por muchos como un maestro napolitano de la espiritualidad en la Iglesia Católica, que fue enterrado en la Iglesia de San Giuseppe dei Nudi". El motivo de su canonización se encuentra actualmente en curso.

Incluso en vida él era famoso por su santidad. Padre Pio de Pietrelcina es conocido por haber hablado sobre él a los peregrinos de Nápoles: "¿Por qué vienes aquí, si tienes a Don Dolindo en Nápoles? ¡Ve por él, es un santo!"

Dolindo era un escriba y una boquilla para el Espíritu Santo, el conocimiento y la sabiduría de la inspiración de lo alto, un fraile capuchino trabajador milagroso de no menos importancia que el Padre Pío de Pietrelcina, estigmatizado en nombre de Cristo, un hijo de honor de la Virgen, que se inició al conocimiento y la sabiduría de las escrituras, un fiel servidor que quería ser humillado ante Cristo y, sobre todo, un agente de Dios en medio de las personas.

Mientras todavía era joven descansó su mirada en la imagen de la Virgen, y se preguntaba sobre el desequilibrio entre el deber que había tomado y sus talentos naturales, que no eran tan brillantes. Se sentía indigno y así como joven candidato para el

gran oficio del sacerdocio, se volvió a su Madre Celestial y rezó en su corazón: "si es su deseo de que puedo ser un sacerdote de Dios, deje que los tesoros de conocimiento fluyan en mi mente y en virtud aseguro de que puedo ser digno". Un sueño plácido y luego cayó en la frente del niño dedicado a la oración, a través del sueño y la Santa Madre inculcó en él los siete dones del Espíritu Santo.

Él los usó desde el momento en que se despertó hasta el final como claves para su armónium interno y cantó con todo su corazón alabanza a la Trinidad y a María. Su conocimiento brilló no para la vanagloria de la ciencia humana, sino por la dignidad de la figura divina de la fundación de la fe católica que fluye hacia cada uno y en todos los caminos de la doctrina humana.

Jesús y la Virgen lo visitaron con consuelo íntimo y ejemplificaron su elección dándole cruces para cargar, cruces de incomprensión tanto por su familia como por su parroquia, cruces de expiación por los pecados de su hermano, cruces de redención para la salvación de las ovejas de Dios, que acudían a él día y noche enviadas por su Pastor para ser purificadas de la lepra del corazón y enfermedades del alma.

Él cargó sobre sí mismo, en la semejanza de Cristo, el peso de la cruz por todos los hombres, y poco a poco mientras subía con Jesús hasta el Gólgota sintió que sus hombros caían y su columna se curvaba bajo el peso de la cruz, con las piernas rígidas sangrando ignorando los vendajes. Se sentía como la fatiga de la edad y aún era el estigma de Cristo siempre paciente, un alma cansada hasta la hora final.

**La Llena de Gracia:**
Los Primeros Años
El Mérito
Pasión de Joseph
El Ángel Azul
La infancia de Jesús

**Seguidme:**
El Tesoro con Siete Nombres
Dónde hay Aspinas, también habrá Rosas
Por el Amor que Persevera
El Colegio Apostólico
El Decálogo

**Las crónicas de Jesús y Judas Iscariote:**
Te Veo como Eres
Aquellos quienes están Marcados
Jesús Llora

**Lázaro:**
Que Bella Rubia
Las Flores Del Bien

**Claudia Procula:**
¿Amas al Nazareno?
El Capricho de la Moral de la Corte

**Principios Cristianos:**
En la Reencarnación

**María de Magdala**
Ah! Mi Amada! ¡Al Fin Te Alcancé!

Lamb Books
Adaptaciones ilustradas para toda la familia

## LAMB BOOKS

Publicado por Lamb Books, 2 Dalkeith Court, 45 Vincent Street, London SW1P 4HH; Reino Unido, EE.UU. FR, IT, ES, PT, DE

**www.lambbooks.org**

Publicado por primera vez por Lamb Books 2013

Esta edición

011

Texto copyright @ Lamb Books Nominado, 2013

Ilustraciones autor @ Lamb Books, 2013

El derecho moral del autor e ilustrador ha afirmado

Reservados todos los derechos

El autor y editor Agradecemos al Centro Editoriale Valtoriano en Italia para el permiso para citar el Poema del Hombre-Dios por María Valtorta, por Valtorta Publishing

Situado en Bookman Old Style R

Impreso en el Reino Unido por CPI Group (UK) Ltd, Croydon, CR0, 4YY

Salvo en los EE.UU., este libro se vende con la condición de que no será, con carácter comercial o no, ser objeto de préstamo, reventa, alquiler, o distribuido de otro modo sin el consentimiento previo del editor, en cualquier forma de encuadernación o cubierta que no sea aquel en el que se publica y no una condición análoga, incluida esta condición que se imponga en el futuro comprador

**Principios Cristianos:**

# En La Reencarnación

LAMBBOOKS

## Agradecimientos

El material de este libro es una adaptación de 'Los Cuadernos 1944', y 'Los Cuadernos 1943' por María Valtorta, escritor inspirado, y visionario del 'El Poema del Hombre Dios ("El Evangelio Como Me Es Revelado"), aprobado por primera vez por el Papa Pío XII en 1948, cuando en una reunión el 26 de Febrero de 1948, presenciado por otros tres sacerdotes, ordenó a los tres sacerdotes presentes "Publicar este trabajo, tal como es".

En 1994, el Vaticano hizo caso a las llamadas de los cristianos en todo el mundo y han comenzado a examinar el caso de la Canonización de Maria Valtorta (Pequeño Juan).

El contenido de estos cuadernos hacen mucho para aclarar la naturaleza sublime de la religión y hacer mucho para responder a las preguntas que han plagado a la humanidad durante siglos al menos, si no todo el camino de vuelta al principio del tiempo.

Las revelaciones místicas han sido durante mucho tiempo jurisdicción de los sacerdotes y los religiosos. Ahora, están al alcance de todos. Que todos los que lean esta adaptación, también lo encuentren edificante. A través de este punto de vista, la fé puede ser renovada.

Gracias especiales al Centro Editoriale Valtortiano en Italia por su autorización para citar las obras de Maria Valtorta- Pequeño Juan.

**Contenido**

7 ° De Enero De 1944: Jesús. 16
La Intercesión De Las Almas En El Purgatorio. 20
9 ° De Enero De 1944: El Eterno Padre. 24
9 ° De Enero De 1944: Jesús. 30
10mo De Enero De 1944: El Espíritu De Dios. 34
10mo De Enero De 1944: María. 38
10mo De Enero De 1944: El Testimonio De Maria Valtorta. 41
11ª De Enero De 1944: Juan. 49
11ª De Enero De 1944: El Apóstol Pablo. 54
17mo De Enero De 1944: Jesús. 59
25 De Mayo De 1944: El Testimonio De Maria Valtorta. 69
25 De Mayo De 1944: Jesús. 79
29 De Junio De 1944: Jesús. 81
El Alma En El Purgatorio De Montefalco. 86
8 De Octubre De 1943: Jesús. 96
9 De Octubre 1943: Jesús. 98
9 De Octubre 1943: Jesús. 101

## 7 ° De Enero De 1944: Jesús.

Dice Jesús:

«¡Oh, hombre a quien quiero a pesar de tus errores, oveja descarriada por la que caminé y por la que vertí mi Sangre para enseñarte la senda de la Verdad!, lo que voy a dictar es para ti. Es una enseñanza para ti. Es una luz para ti. No rechaces mi don.

No cometas el sacrilegio de pensar que hay otra palabra más justa que ésta. Ésta es la mía. Es mi voz, que es siempre la misma a través de los siglos, que no cambia, que no se contradice, que no se renueva a lo largo de los siglos porque es perfecta y el progreso no la toca. Vosotros podéis renovaros. Yo, no; Yo soy como el primer día en mi doctrina y así es mi naturaleza desde siempre y para siempre. Yo soy la Palabra de Dios, la Sabiduría del Padre.

En mi verdadero y único Evangelio está escrito: "Yo soy el Dios de Abraham, el Dios de Isaac, el Dios de Jacob. No soy el Dios de los muertos; soy el Dios de los vivos"[1].

Abraham vivió sólo una vez. Isaac vivió sólo una vez. Jacob vivió sólo una vez. Tú vivirás una sola vez. Yo, que

---

1   Mateo 22, 32.

En la Reencarnación

soy Dios, me encarné una sola vez y no volveré a hacerlo, porque también Dios respeta el orden. Y el orden de la vida humana es éste: Que a la carne se funda el espíritu para hacer que el hombre se asemeje a Dios, que no es carne sino espíritu, que no es animal sino sobrenatural.

Que cuando para la carne llega la noche y se eclipsa, caiga como un despojo, como una simple envoltura, en la nada de donde proviene y que el espíritu vuelva a su vida: una vida bienaventurada, si vivió de verdad; una vida maldita, si pereció porque permitió que le dominara la carne en lugar de hacer que Dios dominara su espíritu.

Que desde ese más allá, del que inútilmente queréis conocer los límites sin contentaros de creer en su existencia, el espíritu aguarde temblando de miedo o palpitando de regocijo que la carne resurja y le recubra en el día postrero de la Tierra para precipitar con ella en el abismo o para penetrar con ella en el Cielo, donde también la materia será glorificada, porque con ella habéis triunfado al convertirla de enemiga natural en aliada sobrenatural.

Mas, llegado el momento de mi excelsa reseña, ¿cómo podríais revestiros con una carne para ser condenados o glorificados con ella, si cada espíritu hubiera poseído muchas carnes? ¿Cuál habría elegido entre ellas?, ¿la primera o la última?

Si, según vuestras teorías, la primera le permitió ascender a la segunda, era ya una carne merecedora del Cielo, aún más merecedora que las otras, pues la que más cuesta es la primera victoria. Luego cobra

17

impulso la escalada. Mas, si en el Cielo han de entrar sólo los perfectos, ¿cómo podrá entrar la primera? Sería injusto excluir la primera carne, como lo sería creer que se excluirá la última de esas carnes que vosotros, con abominable teoría, creéis que puedan cubrir, en series ascendentes, vuestro espíritu, que se encarna y se desencarna para volverse a encarnar como si fuera una prenda que se quita de noche y se pone otra vez por la mañana.

¿Cómo podríais llamar a los beatos, si éstos ya estuvieran reencarnados? Y a vuestros difuntos, ¿cómo podríais considerarles vuestros, si en ese momento ya son hijos de otros?

No. El espíritu vive. Una vez creado, ya no se destruye. Vive en la Vida, si en la Tierra vivió la única vida que se os concede, como un hijo de Dios; vive en la Muerte si vivió su vida terrena como un hijo de Satanás. Lo que es de Dios, vuelve a Dios por la eternidad. Lo que es de Satanás, vuelve a Satanás por la eternidad.

No digas: "Eso está mal". Yo, que soy la Verdad, te digo que es un bien supremo. Aunque vivierais mil vidas, mil veces os convertiríais en títeres de Satanás y no siempre seríais capaces de salir vivos, aunque heridos, de tales situaciones. Dado que vivís sólo una vez y que sabéis que en esa vez se juega vuestro destino, si no sois malditos adoradores de la Bestia, obrad al menos con la mínima voluntad que me basta para salvaros.

Quienes, en lugar de esa mínima parte, lo dan todo de sí y viven en mi Ley, son bienaventurados. El Dios de los vivos les mira desde el Cielo con infinito amor y todo el bien del que aún gozáis en la Tierra lo debéis a estos santos que a veces despreciáis, pero a quienes los Santos llaman "hermanos", a quienes los ángeles acarician y a quienes el Dios Uno y Trino bendice».

## La Intercesión De Las Almas En El Purgatorio.

Extracto de "quién muere verá..."
Por Dolindo Ruotolo, sacerdote. Ch XIII

Existen innumerables ejemplos de gracias, algunas milagrosas, obtenidas a través de la intercesión de las almas en el Purgatorio. Podemos decir que su cuidado de nuestra alma y nuestro cuerpo es tal, porque saben por experiencia lo que daña a un alma. Así, en sus sufrimientos tienen una mayor y amorosa piedad por nuestro sufrimiento. También fueron una vez peregrinos en la tierra, conocen los peligros para las almas y qué personas sufren en su cuerpo. Estar en un estado de perfecta caridad, de las almas en el Purgatorio, cuando reciben sufragios de alguien en la tierra, sentir la responsabilidad de ayudarlo mucho más y de mejor manera, porque tienen un mayor sentimiento de compasión por él. Por estas razones, las almas en el Purgatorio no sólo oran con más eficacia para quienes ofrecen sufragios por ellas, sino, con el permiso de Dios, a veces, intervienen personalmente en nuestros sufrimientos y nuestros peligros.

En 1649, un famoso bibliotecario de Colonia, William Freyssen, hizo un voto para distribuir cien libros sobre las almas en el Purgatorio, a fin de motivar a los fieles a ofrecer sufragios por ellos. Poco después, su hijo y su esposa enfermaron gravemente y cercanos a la muerte restauraron su salud. (Puteus extinta, Libro V, art.9).

En París, en 1817, una pobre criada, bien educada en la vida cristiana, tenía la piadosa costumbre tener una misa requiem celebrada cada mes, a pesar de sus magros ingresos, por las almas del Purgatorio. Ella realmente estaba presente en el santo sacrificio, uniendo su oración a las del sacerdote celebrante, para obtener una mejor liberación para el alma más necesitada. Un día se enfermó y tuvo que ir al hospital. Dado que ella no podía ya trabajar, perdió su trabajo y entonces, ya no fue capaz de satisfacer su piadosa costumbre por falta de dinero. Cuando salió del hospital fue dejada, pero con unos pocos centavos. Así que ella misma se encomendó al Señor para que la cuidara y comenzó a buscar otro trabajo. Pasando por una iglesia, comprendió que era el día que normalmente tendría una Misa ofrecida por las almas del Purgatorio. Ella presentó su poco dinero y pidió tener una misa. Durante la Santa Misa, rezó con fervor por las almas del Purgatorio y por la Divina Providencia para que no la abandonara. Luego, cansada y ansiosa, continuó yendo de un lugar a otro en busca de trabajo. Caminando hacia ella a lo largo de la calle, un joven noble, bien vestido y muy pálido, la detuvo y dijo:

"Estás buscando un trabajo de criada, ¿estoy en lo cierto?"

"Sí, Milord", ella respondió, sorprendida.

"Muy bien, entonces ve a esta dirección. Hay una señora que te dará trabajo". y luego desapareció en la concurrida calle, incluso sin haberle dado el tiempo de darle las gracias.

La buena mujer se dirigió inmediatamente a la dirección que el joven le había dado y mientras subía la escalera de la casa, una criada bajaba, muy molesta, con un paquete bajo el brazo. Ella le preguntó si la señora de la casa estaba en la casa y la mujer le dijo rudamente que fuera y le preguntara a la señora por sí misma, porque ella esta de salida. La mujer llamó a la puerta y una noble dama vino a abrirla. La mujer le contó lo que le había sucedido y le preguntó si necesitaba una criada. La señora estaba muy sorprendida, porque ella había despedido a su criada unos minutos antes debido a sus malas costumbres. Ella quería volver a oír lo que había sucedido y la mujer repite su historia, mirando alrededor de la habitación. Sobre la chimenea, vio una imagen y dijo: "Aquí está él, señora, usted tiene la imagen del joven que me envió aquí y me dio su dirección".

Al oír esto, la señora dio un grito y perdió sus sentidos. Cuando se recuperó, ella abrazó a la mujer con alegría y dijo: "Mi querido, a partir de ahora voy a considerarte como mi querida hija y no una criada. Mi hijo murió hace dos años y fue a causa de la misa que celebraste que finalmente abandonó el Purgatorio. Que el Señor sea alabado. Quédate conmigo y trabaja en mi casa. Vamos a orar juntas por las almas en el Purgatorio, que el Señor los libere pronto y puedan entrar a la tierra bienaventurada del Paraíso".

Hicimos una cuidadosa investigación sobre esta historia, así como en muchos otros casos que demuestran la protección de las almas en el Purgatorio para aquellos de quienes reciben sufragios. ¡Cuán grande es su ayuda para nuestras necesidades corporales y cuánto cuidado de nuestro bienestar espiritual! Los resultados de su protección no son tan visibles como su protección en nuestras necesidades físicas, pero, cuántas buenas inspiraciones, pensamientos santos, victorias sobre las tentaciones, conversiones milagrosas en el punto de muerte son debido a la ferviente oración de las almas en el Purgatorio para aquellos de quienes recibieron beneficios.

¡Cuán maravillosa es la comunión de los Santos! ¡Qué vista maravillosa! dice el conde De Maistre, es ver a una ciudad inmensa de las almas con sus tres órdenes en relación el uno con el otro sin interrupción: ¡el mundo militante está unido al mundo sufriente manteniéndose apretados al mundo triunfante!

## 9 º De Enero De 1944: El Eterno Padre.

Dice el Eterno Padre[2]:

«¡Hombre, sigo hablándote a ti[3] y a todos los que como tú adoran ídolos engañosos! No hace falta crear un Olimpo como los antiguos paganos para ser idólatras. No hace falta crear fetiches como las tribus salvajes para ser idólatras. También vosotros sois idólatras y profesáis la más ignominiosa idolatría, porque adoráis lo que no es verdadero, servís el culto de Satanás, adoráis al Tenebroso por no querer doblegar la cabeza descarriada y el descarriado corazón ante lo que fue la guía y la luz sobrenatural para millones y millones de hombres, aun de esos hombres que se cuentan entre los grandes de la Tierra, que ostentaron la verdadera grandeza del genio y del corazón y que en esa luz y en esa guía sobrenatural hallaron el estímulo para su elevación, el consuelo para su vida y el goce para su eternidad; esos hombres a los que el mundo, a pesar de su continua evolución, sigue

---

2   En cambio, se trata del Eterno Padre, tal como queda escrito al final del dictado.

3   Como en el dictado del 7 de enero.

admirando mientras añora el no albergar más en sí esa fe
que hizo que los grandes fueran tales en la Tierra y más
allá de la Tierra.

Vosotros, en quienes la esencia del alma no está nutrida
por la Fe verdadera y el conocimiento de las eternas
Verdades que son la vida del espíritu; vosotros, que
habéis cometido contra vosotros mismos el delito de
negar al espíritu, que Dios creó, el conocimiento de la
Ley y de la Doctrina proclamadas por Dios; vosotros,
que llamáis a la Religión superstición y definís inútiles
sus prácticas, os consideráis superiores aun a dichos
grandes que, según vosotros, no deben ser absueltos
de la culpa de haberse rebajado al mismo nivel de una
mujerzuela ignorante, por haber rendido homenaje a
la Iglesia y obediencia a la Religión, que no es más que
la suma de mi Ley y de la Doctrina de mi Hijo y que,
por eso, significa verdadero culto a un Dios verdadero,
cuyas manifestaciones son innegables y seguras. Todas
ellas lo son: desde el Sinaí al Calvario, desde el Sepulcro
tronchado por una fuerza divina a los milagros que a
millares, a lo largo de los siglos, han escrito en el tiempo
la gloria de Dios y la verdad de su Existencia, como si
fueran palabras hechas de un fuego que no se apaga, de
oro fundido que no se empaña.

Rechazáis la Religión de Dios porque no la consideráis
digna de vosotros – ¡oh, pseudo superhombres con
la mente endemoniada, el corazón corrompido, el
espíritu vendido, que sois, también vosotros, ídolos
con los pies de creta![4] –; rechazáis la Religión y luego
acogéis el satánico culto del Enemigo de Dios y os

---

4   ] Daniel 2, 31-36.

convertís en ministros o prosélitos del mismo, tal como enajenados que echan al mar espléndidas joyas y recogen guijarros como si fueran objetos preciosos, o que rechazan alimentos sanos y luego se llenan la boca de inmundicias.

¡Helos aquí a los que critican mi culto; helos aquí a los jueces de mi Iglesia; helos aquí a los acusadores de mis ministros; helos aquí a los censores de mis fieles! Consideran que el culto, la Iglesia, los sacerdotes, los fieles, son temas de burla y medio de envilecimiento. Mas luego ellos, los que dicen que el hombre no tiene necesidad de practicar un culto, que no tiene necesidad de los sacerdotes, que no tiene necesidad de ceremonias para comunicar con Dios, se crean un culto propio: tenebroso, oculto, sobrecargado de un ceremonial secreto, respecto al cual el ceremonial evidente, solar, de mi culto es como nada. Y hay ministros de este culto: son hombres corruptos y descarriados como ellos y más que ellos, en quienes tienen fe ciega y, por eso, toman los histrionismos de estos poseídos de Satanás por palabras y manifestaciones de Dios. Hay prosélitos de esta obscena parodia del culto, de este sacrílego embuste; ¡y hay que ver qué observantes son!

Helos, helos aquí los que en lugar del Dios santo, del Salvador eterno, entronizan la Entidad y las entidades infernales y ante ellas doblan hasta los suelos su cerviz y sus espaldas, que consideran indigno de un hombre doblar ante un verdadero altar en el que triunfa mi Gloria, resplandece la Misericordia de mi Hijo, fluye el vivificante Amor del Espíritu, y la Vida y la Gracia surgen de un Tabernáculo y de un Confesionario no porque un hombre – materialmente semejante a vosotros pero depositario de un poder divino por obra del Sacerdocio

– os da una pequeña forma de pan ácimo y pronuncia una fórmula hecha de palabras humanas, sino porque esa pequeña forma de pan es mi Hijo, vivo y verdadero como está en el Cielo a mi diestra con su Cuerpo y su Sangre, con su Alma y su Divinidad, y esas palabras hacen caer como lluvia su Sangre (que se duele de haber derramado por tantos de vosotros, que sacrílegamente le despreciáis), como caía desde lo alto de su Cruz, esa Cruz en la que mi corazón le clavó por amor hacia vosotros.

¡Oh, pseudo superhombres hechos de pútrido fango que ninguna luz ennoblece!, ¿es que no pensáis en vuestra incongruencia? Rechazáis a Dios y adoráis los ídolos de un culto obsceno y demoníaco. Afirmáis que veneráis a Cristo y que creéis en Él y luego huís de su Iglesia Católica, Apostólica, Romana; claváis una cruz allí adonde llamáis al Enemigo de la Cruz y del santo Crucificado. Es como si escupiérais sobre esa Cruz el vómito de vuestras entrañas.

¿Qué grandeza veis en vuestros grotescos sacerdotes?

En el numeroso grupo de los míos, hay muchos a quienes es necesario amonestar. Pero, ¿y los vuestros? ¿Cuál de ellos es "santo"? Los mejores son lujuriosos, viciosos, embusteros, soberbios; los peores, delincuentes y despiadados. Mas entre vosotros no hay nada mejor. Ni podría haberlo, pues si fueran honestos, castos, sinceros, avergonzados, humildes, serían "santos", es decir, hijos de Dios, y Satanás no podría poseerles para descarriarles o para descarriaros a través de ellos.

Después de que por tantos años se han proclamado como "instrumentos" en manos de Dios, ¿acaso han mejorado su índole? No. Han quedado tal y cual, aunque en verdad no han empeorado. Mas, ¿es que no sabéis que el contacto de Dios es una continua metamorfosis que convierte a un hombre en un ángel? ¿Qué buen consejo, confirmado luego por los hechos, os han dado? Ninguno.

Sobre el mismo tema, dicen una cosa al uno y otra diferente al otro porque son títeres en manos de Satanás y porque Yo, Yo, que soy el Poder supremo, confundo sus oscuras ideas con el fulgor insostenible de mi Luz, que no pueden soportar.

Esa Luz es solamente goce y guía para mis hijos que, llevándola en el corazón, penetran en el futuro, no por el propio poder sino gracias al que ella les confiere. Así ven con los ojos del espíritu y oyen con el oído del espíritu el secreto de Dios, el futuro del hombre, y en mi Nombre pronuncian lo que el Espíritu pone en sus labios, purificados por el amor y santificados por el dolor.

¡Oh, adivinos, astrólogos, sabios y doctores del satanismo, que mi Hijo condena y que Yo condeno doblemente, triplemente, porque vuestra religión satánica – que no es más que satanismo, aunque se oculta bajo nombres pomposos – es un pecado contra Mí, Señor del Cielo y de la Tierra ante el cual no existe otro Dios, es una ofensa hacia el Hijo, Salvador del hombre que Satanás arruinó, es una ofensa hacia el Espíritu Santo porque niega la Verdad conocida!, sabed que Yo convierto en necedad vuestra ciencia y preparo un inexorable futuro eterno para vosotros, los que habéis preferido como reino el Infierno en lugar del Cielo, los que habéis preferido como pontífice, rey y padre a Satanás en lugar de Dios».

Creía que quien hablaba era Jesús; en cambio, era el

Padre Eterno. Quiera Dios que su palabra penetre en ese corazón que usted conoce.

## 9 º De Enero De 1944: Jesús.

Luego Jesús me dice:

«**M**aría, ¿verdad que te has ofrecido sin reservas?[5] ¿Verdad que quieres que las almas se salven por tu sacrificio? Y entonces, ¿por qué no piensas que te he dicho[6] que las almas se conquistan con las mismas armas con las que se pierden? La impureza de un alma se conquista con la pureza; la soberbia, con la humildad; el egoísmo, con la caridad; el ateísmo y la tibieza, con la fe, y la desesperación, la desesperación, la desesperación, María, con vuestras angustias que no desesperan sino que claman a Dios, miran a Dios, buscan a Dios, esperan en Dios aun cuando parece que Satanás, el mundo, los hombres, los acontecimientos, conjuran contra la esperanza y se alían para proclamar: "Dios no existe".[7]

¿Qué es lo que desde la Tierra sube al Cielo en esta hora

---

5   Acto de ofrecer como víctima a la Justicia Divina y el Amor entregado viernes por, 12 de junio de 1931, fiesta del Sagrado Corazón de Jesús. Ella misma relata su enfoque en su autobiografía y en una catequesis el 10 de febrero de 1946, página 182. Es en este momento que Jesús reveló a Sor Faustina y le pidió que generalizar la devoción a la Divina Misericordia (22 de febrero, 1931)

6   El 18 de julio de 1943 en "Los cuadernos. 1943".

7   Salmo 14 (vulgata: 13), 1; S almo 53 (vulgata: 52), 2.

satánica que vivís, cuando sólo se debería usar un arma para vencer la guerra que Satanás ha declarado a las criaturas de Dios; cuando bastaría invocar mi Nombre con fe, esperanza y caridad intrépidas, apremiantes, encendidas, para ver huir los ejércitos de Satanás y caer en pedazos sus engaños, que Yo maldigo? ¿Qué es lo que sube al Cielo sobre todo cuando pesa sobre vosotros el horrendo flagelo de las armas homicidas, asesinas, que Satanás les enseñó a los hombres y que los hombres aceptaron al dejar de lado la ley que dice: "Amaos como hermanos"[8] para adoptar la que dice: "Odiaos como odio yo, Satanás"? Sube al Cielo un coro de blasfemias, maldiciones, escarnio hacia Dios, desesperación. Muchas veces la muerte detiene en vuestros labios esas palabras como si se quedaran clavadas en ellos y así os conduce ante Mí marcados por la última culpa.

María, te sorprendes de que, tras haberte ayudado tanto, Yo te deje ahora sumida en tal angustia. Te ayudé en la hora de la muerte de quien amabas[9]; te di mi corazón como almohada y mi boca como música, que mitigó tu dolor con su canto amoroso, y como paño, que enjugó tu llanto con su beso. Mas entonces se trataba de un dolor tuyo. Ya me lo habías ofrecido y Yo ya lo había utilizado. Era hora de que te premiara. Era hora de que te sostuviera porque aún debes servirme, mi pequeña "voz", y no quiero que mueras antes del momento en que tu voz pueda callar por haber transmitido ya suficientemente mi palabra a los hombres indignos.

Ahora, demasiados de ellos se atormentan en la

---

8     1 Juan 3, 11-22; 4, 11-16.

9     La muerte de Iside Fioravanti, madre de la escritora, que falleció el 4 de octubre de 1943

desesperación y mueren acusándome. Hasta los niños – esas pobres flores enfangadas por el mundo y su rey infernal cuando aún son sólo un capullo cerrado – hoy saben blasfemar más que rezar, maldecir más que sonreír y cada vez más aprenderán a blasfemar y maldecir.

Es necesario que haya víctimas que amen, padezcan, oren, bendigan, esperen, para que a vuestras excesivas, excesivas, excesivas maldiciones, Yo no responda con una maldición, que os extermine sin daros tiempo de volverme a invocar; para que, en respuesta a vuestras excesivas, excesivas, excesivas acusaciones, Yo no lance sobre vosotros mi tremenda acusación; para que, como retribución de vuestras excesivas, excesivas, excesivas desesperaciones, fruto natural de vuestra vida de bastardos, mi condena eterna no caiga sobre vosotros, los que Yo salvé, los que me habéis pisoteado y que habéis pisoteado la salvación que os di[10].

Mas, lo repito, han de ser víctimas que padezcan, padezcan, padezcan, por el padecimiento que hace sufrir a los hermanos; víctimas que purifiquen con su amor, su sufrimiento, su plegaria, su bendición, su esperanza, los lugares en que se va al encuentro de la Muerte, naturalmente de la Muerte del espíritu, no ya la de la carne.

Yo te digo que todas las insidias y los propósitos de los demonios y de los hombres – demonio serían desbaratadas y truncadas sin haceros más daño – como cuervos a los que han quebrado las alas y ya no pueden cazar la presa –, si el número de quienes aman, creen y esperan fuera igual al de los que no aman ni creen ni esperan, y si en los trágicos momentos en que amenaza

10   Hebreos 10, 29.

el desastre subiera al Cielo un número de invocaciones igual al de las imprecaciones; y nota que no digo un número mayor, sino un número igual.

¡Coraje! Sé una de las dedicadas a salvar al prójimo. ¡Salvar! Por salvar a la Humanidad dejé el Cielo. Por salvar a la Humanidad conocí a la Muerte. ¡Salvar! Salvar es la caridad más grande. Es la caridad que tuvo Cristo. Es la que os convierte, ¡oh, almas salvadoras!, en las más semejantes a Cristo.

Yo os bendigo a todas vosotras, que sois mis hermanas en la salvación. Yo os bendigo. Y te bendigo a ti, a quien concedí el privilegio de salvar para hacerte feliz, feliz con una felicidad inconmensurable y eterna.

Ve en paz. Quédate en paz. Yo estoy contigo, siempre».

## 10mo De Enero De 1944: El Espíritu De Dios.

Dice el Espíritu de Dios:

«Que no deje de llamarte la palabra de El que es Sabiduría y Amor de Dios, El que eternamente se difunde por todo lo creado para consagrarlo a Dios, El que con su fuerza presidió todas las obras de nuestra Trinidad y que no es ajeno a todo lo que es santo en el tiempo y en la eternidad, porque Yo soy el Santificador, El que os purifica con su don de siete partes, El que os conduce a Dios y os lo hace conocer a través de sus designios en la Tierra y de su gloria en el Cielo.

Yo soy la Sabiduría de Dios. Soy Aquél al que la Segunda Persona de nuestra santísima Trinidad llama "Maestro de todas las verdades, El que no os hablará de Sí mismo, sino que os dirá todo lo que ha oído y os anunciará el porvenir"[11].

¡Oh vosotros, los que intentáis conocer más aún de lo que es necesario!, he aquí quién es el que puede daros ese conocimiento que anheláis. Soy Yo. Yo, Luz de la Luz; Yo, Espíritu del Espíritu; Yo, Inteligencia de la Inteligencia, soy el custodio, el depositario de todas las

---

11 Juan 16, 13

verdades pasadas, presentes y futuras, el conocedor de
todos los decretos de Dios, el administrador del fulgor
divino para los hombres. Yo soy Aquél cuyo consejo no
está ausente en las obras del Creador; El que no está
ausente en el decreto de la Redención, y que tampoco
está ausente para vosotros, pues está a vuestro lado para
aconsejaros y guiaros, con dulce amor, cuando convertís
en un acto cumplido la voluntad propuesta por el Padre.
Y soy todavía más. Soy el Amor que os inspira cuanto
os hace merecer el abrazo de Dios y que, por sendas de
santidad, os conduce a su regazo.

Como una misericordiosa nodriza, os crío y educo
vuestra incapacidad de recién nacidos a la Vida. Os
estrecho entre mis brazos para daros el calor que os haga
asimilar la dulcísima leche de la Palabra de Dios y la
haga vida en vosotros. Yo mismo os hago escudo contra
los peligros del mundo y de Satanás porque el Amor es
una fuerza salvadora. Yo os guío y os sostengo y, como
maestro de amorosa paciencia, os instruyo. Hago de
vosotros – que sois lentos y torpes, pusilánimes y débiles
– héroes y atletas de Dios. Hago de vosotros – que sois
pobres de espíritu – reyes del espíritu, porque cubro
vuestro espíritu con mi divino resplandor y lo elevo a un
trono, el más grande, porque es de santidad eterna.

Mas, para conocerme, es necesario no albergar idolatría
en el corazón. Es necesario creer en lo que Yo he
santificado. Es necesario creer en las verdades que Yo he
iluminado. Es necesario alejarse del error. Es necesario
buscar a Dios allí dónde Él está y no donde está el
Enemigo de Dios y del hombre.

¿Queréis conocer la Verdad? ¡Oh! ¡Venid a Mí! Sólo Yo
puedo decírosla. Y, para no turbar vuestra humana

debilidad y vuestra relatividad, os la digo del modo que mi bondad sabe que es adecuado para vosotros.

¿Por qué amáis lo tortuoso, lo complicado, lo tenebroso? Amadme a Mí, que soy simple, coherente, luminoso, que soy gozo de Dios y del espíritu.

¿Queréis conocer el futuro del espíritu? Pues Yo os lo enseño hablándoos de la eternidad que os espera en una beatitud que no alcanzáis a concebir y en la que, tras esta hora de pasaje, esta única hora de pasaje por la Tierra, reposaréis en Dios de todos los afanes, de todos los dolores; olvidaréis el dolor porque poseeréis el Gozo. Y aunque el Amor – que en el Cielo es más vivo que en cualquier otro lugar – os haga palpitar por los sufrimientos de los vivos, no será piedad que provoca dolor, sino sólo amor activo, que en sí es gozo.

¿Queréis conocer la perfección del Creador en las cosas, los misterios de la creación? Puedo explicároslos Yo; Yo, que por ser Sabiduría, "fui el primero en salir de la boca de Dios, fui la primogénita entre todas las criaturas"[12]; Yo que existo en todo lo que existe, porque todo lleva impreso el sello del amor y Yo soy el Amor. Mi Ser se difunde por todo el Universo; mi Luz baña los astros, los planetas, los mares, los valles, los prados, los animales; mi Inteligencia se expande por toda la Tierra, instruye hasta a los más lejanos, lleva a todos un reflejo de lo Alto, les prepara a la búsqueda de Dios; mi Caridad penetra como el aire y conquista los corazones.

Atraigo a Mí a los justos de la Tierra y también envío reflejos de este santo Dios vuestro a quienes son rectos pero no conocen al Dios verdadero; por lo tanto, en todas

---

12   Sirácida 24, 5.

las religiones reveladas hay una corriente de Verdad que Yo, El que riega y fecunda, puse en ellas.

Además, cual potente surtidor de eterna fuente, Yo desbordo los confines de la Iglesia Católica de Cristo y, por medio de la Gracia, de los siete dones y de los siete sacramentos, hago de los católicos fieles, de los siervos del Señor, de los elegidos para el Reino, de los hijos de Dios, de los hermanos de Cristo, dioses cuyo destino es tan sublime que se enfrenta cualquier sacrificio para merecerlo.

Dirigíos a Mí. Sabréis, conoceréis y obtendréis la salvación porque conoceréis la Verdad. Apartaos, apartaos del error, que no os concede alegría ni paz.

Plegad la rodilla ante el Dios verdadero, ante El que habló en el Sinaí[13] y evangelizó en Palestina; ante el Dios que os habla a través de la Iglesia que Yo, Espíritu de Dios, erigí en Maestra.

No existe otro Dios más que Nosotros, que somos Uno y Trino. No existe otra Religión más que nuestra religión secular. No existe otro futuro en la Tierra y fuera de ella más que el que se lee en los Libros santos. Todo lo demás es sólo Mentira cuyo destino es ser desenmascarada por El que es Justicia y Verdad.

Pedidnos la Luz a nosotros, que somos Potencia, Palabra y Sabiduría, para no seguir recorriendo tortuosos senderos de muerte y poder acudir también vosotros, los errabundos, al camino que dio la salvación a quienes causaron placer a Dios por su fe humilde, sabia, santa, y que por ello fueron hechos santos».

---

13   Éxodo 19-20.

## 10mo De Enero De 1944: María.

Dice María:

«**Y**, dado que soy la Madre, hablo yo también estrechándoos a mi pecho para impulsaros a la fe, ¡oh, hijos míos, a quienes veo morir por ser nutridos con veneno mortal!

Por ese Hijo mío que ofrecí con doliente gozo por vuestra salvación, os ruego que volváis a los senderos de Cristo. Habéis escrito su santísimo Nombre en vuestro camino, pero así profanáis ese Nombre. Pues, si no fuera porque el Enemigo os ofusca la mente y os guía la mano, forzándola a escribir lo que el sentido común os impediría escribir, no escribiríais ese Nombre bendito en los caminos por los cuales Satanás viene a vosotros y en las puertas de vuestros grotescos templos de hombres sin Dios.

Mas, por vosotros le digo al Padre: "Padre, perdónales pues no saben lo que hacen"[14], y os pido al Padre santo, ¡oh, pobres hijos engañados por Satanás! Vencí a Satanás en mí y por los hombres. Está bajo mi pie. Si venís a mí, le venceré también en vosotros.

Yo soy la Madre, la Madre que el Amor convirtió en madre del buen amor. Soy ésa en la que reposa, como en un arca, el maná de la Gracia. Estoy plena de Gracia y Dios no pone límites a mi poder de dispensadora de este tesoro divino. Soy la Madre de la Verdad, que se hizo Carne en mí. Soy la portadora de la Esperanza del hombre. A través de mí, se convirtió en realidad la esperanza de los patriarcas y de los profetas. Soy la sede de la Sabiduría, que me hizo suya, y la Madre del Hijo de Dios. Venid para que os lleve de la mano hacia Cristo, con esta mano que sostuvo los primeros pasos de Jesús-Salvador por las sendas de la tierra y le enseñó a caminar para que bien pronto subiera al Gólgota para salvaros a vosotros, los que más quiero porque sois los más infelices entre todos los hombres, porque sois los condenados por quienes lucho para arrancaros al poder que os arrastra hacia el abismo y salvaros para el Cielo.

Mirad cuánto llanto derramé por vosotros, pues no sois de los que caen arrastrados por el peso de la carne, tan impetuoso e improviso que os abate sin daros tiempo y modo de reaccionar. Sois de los que, con tenacia, con pleno entendimiento, cometen culpas que no se perdonan. Así lo ha dicho mi Hijo[15]. Sois de los que niegan la Verdad para convertir en verdades las infames mentiras. Sois de los que se convierten en demonios. ¡Y podríais ser ángeles!

No os pido mucho. Os pido sólo que me améis como a una Madre; os pido sólo que me llaméis. Y ya sólo mi nombre será como miel para vuestros labios envenenados. Y será salvación, porque donde está María, allí está Jesús y quien me ama no puede no amar la Verdad, que es el Hijo de mi carne. No reprocho, no

15   Mateo 12, 32; Marcos 3, 29; Lucas 12, 10.

condeno. Amo. Tan sólo amo.

No debéis temerme, porque soy más mansa que una cordera y más pacífica que el olivo. Soy más mansa que una cordera porque sin reaccionar, sin maldecir, dejé que me arrancaran del seno a mi Criatura y la sacrificaran sobre un sangriento altar. Soy superior al olivo porque he hecho de mí misma, por mí misma, oliva en la muela del molino y me he dejado prensar por el dolor para destilar de mi virginal y materno corazón inmaculado el óleo que medique vuestras heridas y os consagre al Cielo.

Apoyad en mi regazo la cabeza enferma. Yo la sanaré y os diré las palabras que me dicta la Sabiduría para conduciros a la Luz de Dios».

## 10mo De Enero De 1944: El Testimonio De Maria Valtorta.

¡Qué hermoso! ¡Qué hermoso! ¡Qué hermoso es lo que veo!

Trataré de ser muy precisa y clara al describirle lo que me ha traído la Comunión.

Usted sabe ya que yo era feliz. Mas no sabe qué beatitud, qué gozosa visión se me concedió desde el momento de la unión eucarística en adelante. Fue como un cuadro que iba revelándoseme poco a poco. Pero no era un cuadro: era contemplación. Me ensimismé en él por más de una hora y mi única plegaria fue esta contemplación que me arrebataba más allá de la tierra.

Comenzó inmediatamente después de haber recibido la sacra Partícula y creo que Ud. no habrá dejado de advertir con qué lentitud respondía y saludaba: ya estaba ensimismada. A pesar de ello, expresé en voz alta toda la acción de gracias mientras la visión se me hacía cada vez más evidente. Y luego me quedé inmóvil, con los ojos cerrados, como si durmiera. Pero no he estado nunca tan despierta, con todo mi yo, como en esta hora.

La visión dura aún, en su fase final, mientras escribo.

Escribo bajo la mirada de tantos seres celestes, que ven que escribo únicamente lo que veo, sin añadir detalles o hacer cambios. He aquí la visión. Tan pronto como recibí a Jesús, sentí, en el lado izquierdo de mi lecho, a María, su Madre, que me rodeaba con su brazo derecho y me atraía a sí. Llevaba el hábito y el manto blanco como en las visiones de la Gruta, en diciembre. Al mismo tiempo, me sentí envuelta en una luz dorada y en un indescriptible color tenue, mientras los ojos de mi espíritu buscaban la fuente de lo que sentía descender sobre mí. Tuve la impresión de que mi cuarto, aun conservando el piso, sus cuatro paredes y los adornos, ya no tenia techo y que yo podía ver el ilimitado ámbito celeste de Dios.

Y en este ámbito celeste estaba suspendida la Divina Paloma de fuego, de modo perpendicular a la cabeza de María y, por lo tanto, también a mi cabeza, pues yo apoyaba mi mejilla a la de María. El Espíritu Santo estaba con las alas abiertas, erguido, vertical. Estaba inmóvil y, sin embargo, vibraba y en cada vibración emitía ondas, relámpagos, fúlgidos destellos. De Él emanaba un cono de luz dorada, cuyo vértice partía del pecho de la Paloma y cuya base nos envolvía a María y a mí. Estábamos cobijadas en este cono, en este manto, en este abrazo de luz gozosa. Era una luz vivísima y, sin embargo, no encandilaba porque transmitía a los ojos una fuerza nueva, que aumentaba con cada resplandor que se desprendía de la Paloma, por lo que el resplandor ya existente aumentaba a cada vibración de Ella. Sentía que mi ojo se dilataba adquiriendo potencia sobrehumana, casi como si no fuera el ojo de una criatura sino más bien el de un espíritu ya glorificado.

Cuando, gracias al Amor encendido y suspendido sobre

mí, alcancé la capacidad de ver más allá, mi espíritu fue llamado a mirar aún más arriba. Y contra el celeste más terso del Paraíso, vi al Padre. Le vi claramente a pesar de que su figura estaba envuelta en una luz inmaterial. No intento describir su belleza porque es algo superior a toda capacidad humana. Se me presentaba como en un trono. Me expreso de este modo porque estaba sentado con infinita majestad. Pero no es que yo viera algún trono o sillón o dosel o nada que pudiese presentar la forma terrena de un asiento. Se me aparecía a la izquierda (para darle una indicación: tenga presente la dirección en que se encuentra mi Jesús crucificado) y, por lo tanto, a la diestra de su Hijo y a una altura incalculable. No obstante, veía hasta el más pequeño de sus luminosísimos rasgos. Y (siempre para darle una indicación acerca de la posición) le señalo que dirigía la mirada hacia la ventana. Y esa mirada reflejaba un infinito amor.

Seguí su mirada y vi a Jesús. No era el Jesús-Maestro que veo de costumbre. Era el Jesús-Rey. Estaba vestido de blanco, con un atavío luminoso y sumamente cándido como el de María. Parecía un atavío hecho de luz. Le veía bellísimo, vigoroso, imponente, perfecto, resplandeciente. Estaba de pie y con la diestra sostenía su cetro, que es también su estandarte. Es una vara larga, casi un báculo pastoral, aún más alto que mi altísimo Jesús; pero la vara no termina curvándose como en el pastoral sino con otra vara transversal que, por lo tanto, forma con ella una cruz; sostenido por esta vara transversal, pende de la cruz un estandarte de seda cándida y luminosísima, que ostenta en ambos lados una cruz purpúrea; en el estandarte está escrita en letras relucientes, como de diamantes líquidos, la palabra: "Jesucristo".

Veo muy bien las llagas de la mano pues la diestra sostiene la vara en la parte superior, cerca del pendón; la izquierda señala la llaga del costado, que percibo sólo como un punto sumamente luminoso del que emanan rayos hacia la Tierra. La herida de la derecha está cerca del pulso y parece un resplandeciente rubí que tiene el diámetro de una moneda de 10 centésimos[16]. La de la izquierda está más ha~~~~~~; es muy vasta y se alarga hacia el pulgar. Las dos resplandecen como tizones ardientes. No veo otras heridas. Por el contrario, el Cuerpo de mi Señor es bellísimo y está íntegro en todas sus partes.

El Padre mira al Hijo, que está a su izquierda. El Hijo mira a su Madre y a mí. Y le aseguro que, si no fuera que sus ojos reflejan amor, yo no podría sostener el fulgor de su mirada y de su aspecto. Sin dudas, es como le han llamado: el Rey de tremenda majestad[17].

Cuanto más dura la visión, más crece en mí la facultad de percibir los más mínimos detalles y de abarcar una zona más vasta.

En efecto, tras algún tiempo veo a San José (en el rincón donde está el belén). No es muy alto; es más o menos como María. Es robusto; tiene cabellos grises, cortos y rizados, y barba cuadrada. La nariz es aguileña: fina y larga. Dos arrugas le surcan las mejillas: parten de los

16   Antigua moneda italiana de 2 cm. de diámetro, aproximadamente.

17   En el "Dies irae, dies illa" de la liturgia romana.

lados de la nariz, descienden hasta la comisura de los
labios y se pierden en la barba. Los ojos son oscuros e
intensamente buenos. En ellos vuelvo a ver la mirada
amorosa y buena de mi padre. Todo el rostro expresa
bondad; es pensativo sin ser triste, lleno de dignidad
y, sobre todo, bueno, enormemente bueno. Lleva una
túnica de un azul violáceo, como el de los pétalos de
algunas pervincas, y un manto de color claro como el
del pelo del camello. Dirigiéndose a mí, Jesús le indica y
exclama: "He aquí al santo patrón de todos los justos".

Luego la Luz llama a mi espíritu hacia el otro lado del
cuarto, o sea, hacia el lecho de Marta[18], y veo a mi ángel.
Está arrodillado, con el rostro vuelto hacia María, a
quien parece venerar. Está vestido de blanco. Tiene los
brazos cruzados sobre el pecho y las manos se apoyan
en los hombros. La cabeza está muy inclinada y por eso
casi no veo su rostro. Ostenta una actitud de profunda
reverencia. Veo las bellas alas amplias, blanquísimas,
aguzadas, en verdad alas hechas para volar, rápidas y
seguras, de la Tierra al Cielo; alas ahora recogidas detrás
de los hombros. Con su actitud me enseña cómo se dice:
"Ave,

María".

Mientras sigo mirándole, advierto que hay alguien a
mi derecha, alguien que me apoya una mano sobre
el hombro derecho. Es mi San Juan, en cuyo rostro
resplandece un gozoso amor.

Siento una gran beatitud. Me ensimismo en ella y

18    Marta se refiere a Marta Diciotti, nacida en Lucca en 1910.
Desde 1935 vivió junto a María Valtorta, asistiéndola amorosamente
hasta la muerte de la escritora inválida, acaecida el 12 de octubre de
1961 y luego custodiando sus memorias en la casa de Viareggio. Marta Diciotti murió en dicha ciudad el 5 de febrero de 2001.

me parece haber alcanzado el ápice. Mas el creciente resplandor del Espíritu de Dios y de las llagas de Jesús, mi Señor, aumenta aún mi capacidad de ver. ¡Y veo entonces la Iglesia celestial, la Iglesia triunfante! Ahora intentaré describírsela.

En lo alto, como siempre, están el Padre, el Hijo y ahora también el Espíritu, situado más arriba y en medio de los Dos, a los que une con sus rayos.

Más abajo, reunida en un valle bienaventurado, como entre dos laderas de un color celeste que no es terreno, está la multitud de los bienaventurados en Cristo, el ejército de los marcados con el nombre del Cordero[19], una multitud que es luz; una luz que es canto; un canto que es adoración; una adoración que es beatitud.

A la izquierda están las filas de los confesores. A la derecha, las de los vírgenes. No vi la fila de los mártires y el Espíritu me indica que los mártires están con los vírgenes, pues el martirio da otra vez virginidad al alma, como si estuviera apenas creada. Me parece que todos, tanto los confesores como los castos, están vestidos de blanco, de ese blanco luminoso de las vestiduras de Jesús y María.

El suelo celeste y las celestes laderas del valle beato emanan luz, como si fueran de brillante zafiro. Los atavíos, de paño adamantino, emanan luz. Y, sobre todo, los cuerpos y los rostros espiritualizados emanan luz. Intentaré describirle aquí lo que noté en los diferentes cuerpos.

Únicamente Jesús y María poseen un cuerpo de carne y <u>espíritu vivo,</u> palpitante, perfecto, sensible al tacto y al

19  Apocalipsis 7.

# En la Reencarnación

contacto; son "cuerpos" realmente, aunque son cuerpos divinos. El Padre Eterno, el Espíritu Santo y mi ángel son cuerpos modelados en la luz, de modo que esta humilde sierva de Dios pueda percibirlos. San José y San Juan ostentan ya una luz más compacta, de seguro porque no sólo debo advertir la presencia, sino además escuchar la palabra. Y todos los bienaventurados que forman la muchedumbre celeste son llamas blancas, que representan sus cuerpos espiritualizados.

Ninguno de los confesores se vuelve. Todos ellos miran hacia la Santísima Trinidad. Alguno de los vírgenes se vuelve. Distingo a los apóstoles Pedro y Pablo porque, aunque resplandecen como todos con sus cándidas vestiduras, muestran rasgos más característicos en el rostro: son característicos rostros hebreos. Me miran con bondad (¡menos mal!).

Luego veo tres espíritus bienaventurados; comprendo que son mujeres y veo que me miran, me hacen señas, me sonríen, casi como si me invitaran. Son jóvenes. Mas, en realidad, me parece que todos los beatos tienen la misma edad – una edad joven, perfecta – y la misma belleza. Son copias menores de Jesús y María. No sé decir quiénes son estas tres criaturas celestiales pero, dado que dos llevan palmas – las palmas son el único rasgo que distingue a los mártires de los vírgenes – y una solamente flores, no creo equivocarme si las identifico como Inés, Cecilia y Teresa de Lisieux.

Lo que, a pesar de mi buena voluntad, no puedo describirle, es el Aleluya entonado por esta multitud. Es un Aleluya potente y, sin embargo, suave como una caricia. Y a cada ¡hosanna! de la multitud a su Dios, todo ríe y resplandece con más vivacidad.

La visión cesa y, en su intensidad, queda fija en esta forma. María se aleja de mí y con Ella van Juan y José; María retoma su lugar frente al Hijo y los demás el propio en la fila de los vírgenes. Sea loado Jesucristo.

## 11ª De Enero De 1944: Juan.

12 y cuarto de la noche.

Dice Juan:

«Por haber sido formado, penetrado, unificado con el Maestro, en mi Evangelio vive la Palabra tal como fue dicha, pues pude repetirla sin alteraciones debido a dicha fusión. Es Cristo El que habla. Juan es sólo un instrumento que escribe. Igual que tú.

La nuestra es una suerte extraordinaria y a ella debemos ser fieles hasta en las nimiedades para no contaminar la doctrina divina con nuestra naturaleza de criaturas; por esta suerte debemos seguir llevando una vida pura, de modo que la Palabra descienda donde no hay nada impuro, donde ni siquiera la sombra de un pensamiento lo es.

Acoger la Palabra de Dios es como acoger el Pan del Cielo. Pues es Pan del Cielo que se hace Palabra en nosotros para convertirse en Pan para el espíritu de nuestros hermanos. Es la Eucaristía de la Palabra, no menos santa que la Eucaristía del altar porque el Cristo eucarístico que viene a nosotros nos trae su Palabra – tanto más sentida cuanto más es intensa en nosotros la vida espiritual – y el Cristo Maestro que viene a nosotros nos trae su alimento, que nos pone en condiciones de hacer de la Eucaristía, cada vez más, el Pan de vida eterna.

Tu Maestro, que es también el mío, lo ha dicho: "Bienaventurados sean los que conservan en el corazón la Palabra de Dios". Y ha dicho también: "El que escucha mi Palabra merece la vida eterna", y: "Yo soy el Pan vivo que desciende del Cielo. El que se nutre de mí no morirá y el último día Yo le resucitaré"[20]. Por lo tanto, el Maestro dispone un único destino para quien se nutre de Él: el Verbo del Padre y el Pan del Cielo.

Mas estas palabras no las dirijo particularmente a ti, que eres una discípula que ya vive en la luz. Yo, luz de Cristo, hablo de Cristo, Luz del mundo, a los tenebrosos que, como aquellos a quienes una membrana cubre las pupilas, avanzan a ciegas en la obscuridad y no saben ir por el sendero por donde pasa el Maestro, no quieren ir por él y gritar: "¡Jesús, sálvanos! ¡Danos tu Luz!".

Si le llamaran, Él iría a ellos, permanecería en ellos y les dispensaría la bienaventurada suerte de convertirse en hijos de Dios, nacidos por segunda vez (la única vez que se puede renacer no es en la carne que, cuando se ha extinguido no vuelve jamás a revestir ese espíritu del que fue atavío, excepto en el último día para acompañarlo a la gloria o a la perdición, sino en el espíritu, que uniéndose a Cristo se regenera, pues al cobijarlo Cristo en Sí como parte de su santísimo Ser, lo une al Espíritu de Dios, o sea, de El que nos permite renacer, no ya como hombres sino como hijos de Dios). Si le llamaran, ellos conocerían la Luz, se alejarían de las Tinieblas y de la Mentira, porque Cristo es Verdad, porque Cristo es Luz, y Luz y Verdad es el Paráclito que Cristo dona a los

---

20      Lucas 11, 28; Juan 6, 22-59.

"suyos"; quien recibe a Cristo, recibe en sí la Verdad y la
Luz de la Divinidad Trina.

Apartaos del eterno Homicida, que pereció y hace perecer
porque no perseveró en la verdad que, por su afortunado
destino de ángel, había poseído desde el primer instante
de su creación. Creed en Cristo, que no puede mentir
porque es Dios y de Dios posee la Perfección.

Él os dice y repite: "Yo os resucitaré". Y Él, el Perfecto en
la Ciencia y en la Inteligencia, ¿podría proferir palabras
impropias? Él dice "resucitaré" y no "reencarnaré". Y
precisa: "en el último día"; más aún, proclama: "Así
como el Padre resucita a los muertos y les devuelve la
vida, así también el Hijo da la vida a quien quiere...
Quien escucha mi palabra y cree en El que me ha
enviado, posee la vida eterna y no merece condena; al
contrario, pasa de la muerte a la vida... Llegará la hora
en que los muertos oigan la voz del Hijo de Dios y quien
la oiga vivirá. Llegará la hora en que todos oigan en el
sepulcro la voz del Hijo de Dios y los que hicieron el bien
saldrán de él hacia la resurrección de la vida; los que se
dedicaron al mal, hacia la resurrección de la muerte"[21].

Por eso, El que es Verdad y Ciencia dice, repite, insiste,
jura que existe una sola y única vida de la carne y
una sola y única vida del espíritu. Esta vida se vive en
nuestra única jornada humana y luego, sólo en el último
día, al mandato de Jesús-Dios, resurge para revestir
el espíritu del que fue atavío. Esta vida eterna nos es
dada solamente a través de nuestra jornada única y, si
durante ella matamos aunque sea una vez el espíritu,
éste ya no podrá reencarnarse jamás para lograr pasar,
por sucesivas fases, de la muerte a la vida.

---

21    Juan 5, 21-29.

No. El poder de Dios Padre, de Dios Hijo Jesús, de Dios Espíritu Paráclito, puede concederos la resurrección del espíritu en la tierra mediante un milagro de la gracia o mediante la intercesión de un "santo" – ya sea perteneciente a la Tierra o al Cielo – o mediante vuestro deseo de resurgir. Mas esto sucede sólo aquí, en la Tierra, en vuestra única jornada. Cuando para vosotros se acaba el día y entráis en el sueño de la noche humana, ya no hay ninguna resurrección posible a través de nuevas fases

vitales. Y si estáis muertos en cuanto al espíritu, hay sólo muerte.

Yo, discípulo de Cristo, Yo que he visto, más allá de la vida, la vida futura y la resurrección final, os juro que esto es verdad.

Liberaos de estas cadenas. De las que puede usar contra vosotros Satanás: son las más peligrosas. Dad el primer paso para decirle a Cristo: "Vengo a Ti" y a Satanás: "Retrocede, en nombre de Jesús". Acoged la primera verdad.

Ni siquiera podéis imaginar cuán dulce es el Señor, el buen Maestro, el Pastor santo, con quien se dirige a Él. Os estrecha como un padre contra su pecho y os enseña, os cuida, os nutre. No digáis que le amáis. No le amáis en la verdad y, por eso, no le amáis.

La verdad está en su Evangelio. El Evangelio es el que Él confió a sus discípulos y que aún hoy confirma y explica, guiado por su bondad de Salvador. Y, tras tantos siglos transcurridos, es siempre igual. No existe otro.

Si hubiera habido dos, o más vidas, Él lo habría dicho. No sois parsis o sintoístas; sois "cristianos". Y, por lo tanto, dejad las quimeras, los errores, los engaños que Satanás prepara para arrancaros a Dios y creed en lo que ha dicho Cristo. Quien ama, cree. Quien ama poco, duda. Quien no ama, acepta una doctrina adversa. La doctrina que seguís es adversa a la de Jesucristo, Verbo de Dios, Maestro nuestro, Luz del mundo. Por lo tanto, no amáis a Cristo en la verdad».

# 11ª De Enero De 1944: El Apóstol Pablo.

a las 10.

Dice el Apóstol Pablo[22]:

«Hasta tal punto está encarnada y enraizada en vuestra mente la teoría de la reencarnación – y más que nunca hoy, tras veinte siglos de predicación evangélica – que parece que los antiguos paganos, a quienes yo partía el pan de la Fe, están vivos aún, o mejor, han vuelto a reencarnarse, según vuestra creencia y sus antiguas teorías sobre la resurrección y la segunda vida.

Lo único que se reencarna es esta teoría vuestra que reaparece como la herrumbre, en periodos alternados de oscuridad espiritual, pues éste es el signo de un crepúsculo y no de una aurora del espíritu. ¡Sabedlo, oh vosotros que creéis ser los de espíritu más evolucionado! Tanto más baja el Sol de Dios en vuestro espíritu y tanto más en la sombra que aumenta se forman larvas, se estancan las fiebres, pululan los portadores de muerte y germinan las esporas que mellan, corroen, absorben, destruyen la vida de vuestro espíritu, así como en los bosques impenetrables, densos de vida vegetal y animal, la larga noche, que dura seis meses, convierte

---

22   Respecto a las alusiones del sucesivo dictado, véanse: Hechos 17, 22-34; 1 Corintios 15.

la espesura en zonas muertas, semejantes a las de un mundo extinguido.

¡Necios! Los muertos no regresan. Ni siquiera con un nuevo cuerpo. Hay una sola resurrección: la final.

Vosotros, los que estáis hechos a imagen y semejanza de Dios, no sois semilla que en ciclos alternados germina y se convierte en tallo, flor, fruto, semilla, para que ésta, a su vez, se haga de nuevo tallo, flor, fruto. Vosotros sois hombres, no hierba del campo. Vosotros estáis destinados al Cielo, no al establo donde se cobija el jumento. Vosotros poseéis el espíritu de Dios, ese espíritu que Dios os infunde por medio de una continua generación espiritual, que corresponde a la generación humana de una nueva carne.

¿Qué creéis? ¿Que tiene límites el poder generador que posee Dios, el omnipotente, ilimitado, eterno Dios nuestro? ¿Creéis que ese límite le obliga a crear no más de un determinado número de espíritus de modo que, para que pueda continuar la vida de los hombres sobre la Tierra, tenga que obrar como el dependiente de un gran almacén, que busca entre los espíritus apiñados en los estantes el que puede volver a usar como determinada mercancía? O, mejor aún, ¿creéis que Él es como un escriba que, si debe hacer conocer un acontecimiento, saca a relucir un determinado expediente y busca un determinado rótulo porque ha llegado la hora de volver a usar dicho material?

¡Oh, necios, necios, necios! Vosotros no sois mercancía, ni pergaminos ni semillas. Vosotros sois hombres.

Cual semilla, el cuerpo cae en la putrefacción de la fosa, cuando su ciclo ha terminado. El espíritu vuelve a su

Fuente para que se juzgue si está vivo o si está podrido como la carne y, de acuerdo con ello, cumple su destino. Y de él ya no nacerá otro si no para llamar a una única resurrección lo que ya le había pertenecido; y en esa resurrección, el que condujo una vida depravada, será depravado por la eternidad, con el espíritu corrompido y la corrompida carne que tuvo en su única, sola e irrepetible vida. Y el que en su vida fue "justo" resurgirá glorioso e incorruptible, elevará su carne a la gloria de su espíritu glorioso, la espiritualizará, la divinizará, pues con ella y por ella logró vencer y es justo que con ella celebre el triunfo.

Aquí, el espíritu que poseéis os hace animales con uso de razón y obtiene la vida también para la carne que él logra vencer. En la otra vida, seréis espíritus que vivifican la carne, que ha salido victoriosa por haber permanecido sujeta al espíritu. Antes, prevalece siempre la índole animal y ésta es la verdadera evolución. Mas es la única. Después, de la naturaleza animal, que por la triple virtud ha sabido elevarse, se pasa a la naturaleza espiritual.

Según cómo viváis en esta vida, viviréis en la segunda. Si en la primera predominó en vosotros lo celestial, advertiréis en vosotros mismos la naturaleza de Dios, poseeréis dicha naturaleza, pues Dios será vuestro eterno patrimonio. Si, en cambio, predominó lo terreno, tras la muerte conoceréis la oscuridad, la desolación, el hielo, el horror, las tinieblas, todo lo que recibe al cuerpo que desciende en la fosa; con esta diferencia: que esta segunda, y verdadera, muerte dura por toda la eternidad.

¡Oh, hermanos, herederos de Dios por voluntad de Dios!, no hagáis que se pierda esta herencia por seguir la carne y la sangre y el error de vuestras mentes.

También yo erré y fui contrario a la Verdad, perseguí
a Cristo. Tengo presente siempre mi pecado, aun en
la gloria de este reino, cuyas puertas abrieron mi
arrepentimiento, mi fe, el martirio que sufrí por profesar
mi fe en Cristo y en la vida inmortal. Mas, cuando la Luz
me rindió, al darse a conocer, abandoné el error para
seguir la Luz[23].

La Luz se dio a conocer a vosotros a través de veinte
siglos de prodigios, que ni siquiera el más feroz opositor
o el más obstinado podrían negar. Entonces, ¿por qué
vosotros, los afortunados que tenéis como testimonio de
esa Luz veinte siglos de manifestaciones divinas, queréis
permanecer en el error?

Yo, testigo de Cristo, os lo juro. Ni la carne ni la sangre
pueden heredar el reino de Dios; sólo el espíritu puede
heredarlo. Y como está escrito en el Evangelio de Jesús,
nuestro Señor[24], los destinados a resurgir y a volver a
casarse porque tienen una segunda vida terrena, no
son los hijos de este siglo (considerad, hermanos, que
aquí "siglo" define a los que están en el mundo, es decir,
a los terrestres). Resurgirán sólo los que son dignos
del segundo siglo, el eterno, o sea los que, dado que ya
han vivido, no pueden volver a morir y que, además, no
anhelan nupcias humanas porque han obtenido la vida
espiritual y se han hecho semejantes a los ángeles e hijos
del Altísimo y para su espíritu desean un solo connubio:
con Dios-Amor; un solo patrimonio: Dios; una sola
morada: el Cielo; una sola vida: la Vida.

¡Amén, amén, amén!

23    Hechos 9, 1-22.

24    Mateo 22, 23-33; Marcos 12, 18-27; Lucas 20, 27-40.

Os digo: creed para obtenerla».

## 17mo De Enero De 1944: Jesús.

de las 23,30 del 17 a las primeras horas del 18

Dice Jesús:

«Mira que, más que para ti y para muchos como tú, este dictado corresponde al grupo de los "siete dictados"[25]. Cuando se ha comenzado a destruir un sistema, no está mal seguir haciéndolo a golpes de ariete. Este modo de pensar es una norma férrea. Es necesario insistir para vencer.

Hay una sola Fe verdadera: la mía, tal como os la he entregado, como una gema divina, cuya luz es vida. Pero no basta permanecer nominalmente en ella, como un trozo de mármol abandonado por casualidad en un cuarto. Hay que fundirse con ella, convertirla en una parte vuestra.

¿Acaso el traje que lleváis, para vosotros es la vida? ¿Acaso se convierte en carne y sangre para vosotros? No, no lo es. Es un indumento que os resulta útil, pero que no quita nada a vuestra vida íntima si os despojáis de él para poneros otro. En cambio, el alimento que ingerís se convierte en vuestra sangre y vuestra carne y ya no podéis quitároslo. Es una parte vuestra esencial, porque

---

[25] Sobre la reencarnación o metempsicosis, como está escrito en el trozo final del texto del 11 de enero.

sin sangre y sin carne no podríais vivir y sin alimento no tendríais sangre y carne.

Lo mismo sucede con la Fe. No debe ser algo apoyado sobre vosotros por algunas horas, como si fuera un velo para embelleceros y seducir a los hermanos, sino que debe ser una parte intrínseca de vosotros mismos, inseparable de vosotros, viva en vosotros. La fe no es sólo esperanza en lo que se cree, la fe es certeza de vida. Una vida que comienza aquí, en esta quimérica vida humana, y que se cumple en el más allá, en la vida eterna que os espera.

Hoy está cometiéndose una gran herejía, la herejía más sacrílega[26]. Uno de los hijos de Satanás[27], uno de los mayores, predica una nueva fe. No se trata de Judas, que era el hijo mayor en el pasado, ni del Anticristo, el hijo mayor del futuro; es uno de los hijos que viven actualmente para castigo del hombre que ha adorado al hombre en lugar de adorar a Dios[28], del hombre que se ha dado muerte a través del hombre, mientras Yo le di la Vida a través de mi muerte. ¡Meditad sobre esta diferencia!

La fe que predica el hijo de Satanás es una parodia trágica, sacrílega, maldita, de mi Fe. Se predica un nuevo evangelio[29], se funda una nueva iglesia, se alza un nuevo

26    Nazismo intentar en este momento para establecer una religión para reemplazar el cristianismo como descubriremos poco a poco.

27    Hitler

28    Para el nazismo y el fascismo, sino también al marxismo-leninismo y muchos movimientos de la época que nos llevará a la destrucción de muchos países y la muerte de millones de personas

29    En 1920 el Partido Nacional Socialista aboga por "cristianismo positivo" que se convertirá en la corriente principal del Tercer Reich en la instigación de Alfred Rosenberg y Heinrich Himmler. La meta

altar, se eleva una nueva cruz[30], se celebra un nuevo
sacrificio. Evangelio, iglesia, altar, cruz, sacrificio, fruto
del hombre. No de Dios.
Hay un solo Evangelio: el Mío.
Hay una sola Iglesia: la Mía, la católica romana.
Hay un solo Altar: el que está consagrado por el óleo, el
agua y el vino; el que está erigido sobre los huesos de un
mártir y de un santo de Dios[31].
Hay una sola Cruz: la mía. Ésa en la que pende el
Cuerpo de Jesucristo, el Hijo de Dios; ésa que repite la
forma del leño con que Yo cargué con infinito amor e
infinita fatiga hasta la cima del Calvario. No existen otras
cruces. Puede haber otros signos, jeroglíficos como los
trazados en los hipogeos de los Faraones o en las estelas

del cristianismo positivo era cortar las raíces judías del cristianismo
y la religión crear una transición entre el cristianismo y el paganismo
que completen satisfactoriamente el culto ario. Este cristianismo positivo se relaciona con ningún religiones dominantes Alemania: catolicismo y el protestantismo.
Esta ideología también está condenado 10 de marzo de 1937 en la
encíclica Mit brennender Sorge.
Cristianismo positivo se está moviendo gradualmente hacia un culto
específicamente germánica con sus celebraciones (Lebenfeiern), en
sustitución del calendario del calendario cristiano y sus fiestas públicas.
En diciembre de 1941, Pío XII denunció en un mensaje difundido
fabricación todas las partes "de la cristiandad en su imagen, un nuevo
ídolo en la cual no hay salvación [...] una nueva religión sin alma, el
alma o sin religión, una forma de cristianismo muerte, privado del
espíritu de Cristo ".

30   En referencia a la esvástica nazi

31   En la dedicación de una iglesia, la dedicación conocido de
otro modo, las reliquias de los mártires y otros santos están sellados
en el altar como signo de la unidad del Cuerpo místico de Cristo. Este
pueblo, las paredes interiores y el altar son rociados con agua bendita. El altar es consagrado por la unción con el crisma (aceite santo).
La Eucaristía se celebra a continuación.

de los Aztecas, pero son signos, sólo signos humanos o satánicos; no son cruces, no son el símbolo de todo un poema de amor, de redención, de victoria sobre todas las fuerzas del Mal, cualesquiera que sean.

Desde el tiempo de Moisés hasta hoy y desde hoy hasta el momento del Juicio[32], habrá una sola cruz: la que es semejante a la mía; la que llevó en primer lugar la "serpiente"[33], el símbolo de la vida eterna; la que me sostuvo; la que Yo sostendré cuando os aparezca como Juez y Rey para juzgaros a todos: sea a vosotros, los benditos que creéis en mi Signo y en mi Nombre, sea a vosotros, los malditos, los simuladores y sacrílegos, que habéis arrojado de los templos, de los estados y de las conciencias mi Signo y mi Nombre y lo habéis sustituido con vuestra sigla y vuestro apelativo de satánicos.

Hay un solo Sacrificio: el que repite místicamente el mío, y en el pan y el vino os da mi Cuerpo y mi Sangre inmolados por vosotros. No existe otro cuerpo y otra sangre que puedan sustituir a la Gran Víctima. ¡Oh, feroces sacrificadores de los que os están sometidos, de quienes disponéis porque les habéis convertido en galeotes, prisioneros del remo, marcados con vuestra inicial como si fueran bestias para el matadero, vueltos incapaces hasta de pensar porque les habéis robado, prohibido, censurado, lo que da al hombre supremacía sobre las bestias, y de seres inteligentes habéis hecho una enorme manada sobre la cual agitáis el látigo y amenazáis de "muerte" aunque osen juzgaros sólo con el pensamiento!: la sangre y los cuerpos que inmoláis no celebran el sacrificio, no lo sustituyen, no le sirven.

---

32    Mateo 25, 31-46.
33    Números 21, 4-9; Juan 3, 14-15.

Mi sacrificio os concede gracias y bendiciones. Este otro os ofrece condenas y maldiciones eternas. Oigo los gemidos y veo las torturas de los oprimidos que degolláis en el alma y en la mente aún antes que en el cuerpo. Ni siquiera uno de los que oprimís se salva de vuestro cuchillo, que les priva de la libertad, la paz, la serenidad, la fe; que hace de ellos seres de moralidad torpe, atemorizados, desesperados, rebeldes. Oigo los estertores de los asesinados y veo la sangre que baña "vuestro" altar. Veo esa pobre sangre que despierta en Mí una misericordia inconmensurable, esa pobre sangre a la que perdono aun el error porque ya el hombre la ha castigado y Dios no se ensaña donde ya se ha expiado.

Mas os juro que haré de esa sangre y esos gemidos vuestro tormento eterno. Comeréis, regurgitaréis, vomitaréis sangre, os ahogaréis en ella, esos estertores y esos gemidos retumbarán en vuestra alma hasta haceros enloquecer y os obsesionarán los millones de rostros espectrales que, a gritos, proclamarán vuestros millones de delitos y os maldecirán. Esto es lo que encontraréis en el lugar donde os espera el padre vuestro, el rey de la mentira y la crueldad.

¿Y dónde está, entre vosotros, el Pontífice, el Sacerdote que celebra misa? Sois verdugos, no sacerdotes. Ése no es un altar; es un patíbulo. Ése no es un sacrificio; es una blasfemia. Ésa no es una fe; es un sacrilegio.

Descended, oh malditos, antes de que os fulmine con una muerte horrenda. Morid al menos como las bestias que, saciadas de presas, se retiran a su cueva para morir.
No esperéis sobre vuestro pedestal de dioses infernales que Yo os entregue, no a la expiación del espíritu sino a la de vuestro cuerpo de bestias y os haga morir entre el

escarnio de la multitud y las torturas de los que hoy son
torturados. Existe un límite. Os lo recuerdo. Y no existe
piedad para quien remeda a Dios y se hace semejante
a Lucifer[34]. Y vosotras, gentes, sabed manteneros con
firmeza en la Verdad y la Justicia. La filosofía humana,
las doctrinas humanas, están contaminadas por escorias.
Las actuales están saturadas de veneno. Y no se bromea
con las serpientes venenosas. Llega la hora en que la
serpiente sale de su encanto y os descarga el golpe fatal.
No os dejéis envenenar.

Permaneced unidos a Mí. En Mí hay justicia, paz y amor.
No busquéis otras doctrinas. Vivid el Evangelio. Seréis
felices. Vivid de Mí, en Mí. No conoceréis los grandes
placeres corporales. Yo no los dispenso: Yo dispenso
los gozos verdaderos, que no son únicamente placer de
la carne sino también del espíritu; dispenso los goces
honestos, benditos, santos, que concedí y aprobé, esos
goces en los que no rehusé participar.

He aquí lo que Yo bendigo y llamo santo: la familia,
los hijos, un honesto bienestar, una patria próspera y
tranquila, la buena armonía entre los hermanos y entre
los pueblos. Con esto obtendréis también la salud,
porque la vida familiar, vivida honestamente, da salud al
cuerpo; con esto obtendréis serenidad, porque un oficio o
profesión, practicados honestamente, dan tranquilidad a
la conciencia; con esto obtendréis una patria, una nación
próspera y en paz, porque viviendo en buena armonía
con los compatriotas y con los pueblos vecinos, evitáis los
rencores y las guerras.

Sé que en vuestra sangre fermenta el veneno de Satanás,

---

34    Isaías 14, 9-15.

pobres hijos míos. Mas por antídoto os he donado a Mí mismo. Yo os he enseñado a grabar mi Signo, que vence a Satanás, sobre vosotros, en vosotros. Circuncidad vuestro espíritu por Mí. ¡Es una circuncisión mucho más alta y perfecta! Ella extirpa de vuestra carne las células en que se anidan los gérmenes de muerte e implanta en vosotros la Vida, que soy Yo. Ella os despoja de la animalidad y os viste de Cristo. Ella os sumerge, como hijos del culpable Adán – aunque también vosotros sois culpables, ya por la culpa original, ya por las culpas propias – en el Bautismo y la Confesión de Cristo y os hace resurgir como hijos del Altísimo.

No os separéis de Mí. ¡Oh! Si permanecéis en Mí, Yo os llevaré al Cielo y aunque no seáis completamente "cielo" – porque siempre queda en vosotros un poco del fango de la Tierra – os prometo que la bendición del Padre no faltará ni siquiera sobre vuestro cieno, pues el Padre no podrá dejar de bendecir a su Hijo, y si permanecéis en Mí y conmigo rezáis diciendo "Padre nuestro" como os he enseñado[35], mi Potencia os amparará tanto que el Padre os dará ya sea el Reino de los Cielos, como se pide en la primera parte, ya sea el pan cotidiano y el perdón de las culpas, como se pide en la segunda.

Si permanecéis en Mí, como niños en el regazo de la madre, el Padre nuestro verá solamente la vestidura que os viste: Yo, su Hijo, vuestro Redentor, vuestro Generador para el Cielo. Y sobre su Hijo, objeto de todos sus favores, para quien creó, además de todas las cosas, también el perdón y la gloria, y para júbilo de su Hijo, que quiere veros absueltos y gloriosos, derramará sus gracias.

---

35   Mateo 6, 9-13; Lucas 11, 2-4.

Yo destruí vuestra muerte con la mía. Yo anulé vuestras culpas con mi Sangre. Yo las rescaté en lugar vuestro, anticipadamente. Al clavar en mi cruz vuestro pecado, desde el de Adán hasta el de cada uno de vosotros, yo hice que nada fuera capaz de dañaros en la vida futura. Puedo decir que por haber sorbido la esponja impregnada de hiel y vinagre del Gólgota, consumí todo el veneno del mundo y os restituí Bien por Mal porque, muriendo, lo destilé y convertí la mixtura de muerte en agua de Vida, que fluía de mi pecho desgarrado.

Permaneced en Mí con pureza y fortaleza. En la Fe no seáis hipócritas, sed sinceros. Fe y amor no están definidos por las prácticas exteriores. Estas prácticas son seguidas también por los sacrílegos, que se sirven de ellas para engañaros y obtener glorias terrenas. No tenéis que ser así.

Recordaos que, así como os regeneré para la Vida de la Gracia, para la que estabais muertos, os resucité conmigo para la Vida eterna. Por lo tanto, dirigid la mirada hacia ese lugar de Vida. Buscad todas las cosas que son como un billete para entrar en él. Son todas las cosas del espíritu: la Fe, la Esperanza, la Caridad, las otras Virtudes que hacen del hombre un hijo de Dios.

Buscad la Ciencia que no se equivoca: la que está contenida en mi doctrina. Es la que os da la capacidad de orientaros de modo que el Cielo sea vuestro.

Buscad la Gloria. Mas no busquéis la gloria terrena, que es irrisoria y suele ser culpable, una gloria que a menudo condeno y siempre juzgo como gloria no verdadera, que considero únicamente como una misión que os da Dios para que tengáis un medio para alcanzar la Gloria celeste. La Gloria verdadera se obtiene con un vuelco total de los valores del mundo. El mundo dice: "Gozad, acumulad, sed soberbios, prepotentes, sin corazón, odiad para vencer, mentid para triunfar, sed crueles para imperar". Yo os digo: "Sed moderados, temperantes, no tengáis sed de carne, de oro, de poder, sed sinceros, honestos, humildes, amorosos, pacientes, sumisos, misericordiosos[36]. Perdonad al que os ofende, amad al que os odia, ayudad al que es menos feliz que vosotros. Amad, amad, amad".

En verdad os digo que ningún acto de amor, aunque sea mínimo como un suspiro compasivo para quien sufre, quedará sin recompensa. Será una infinita recompensa en el Cielo. Ya habrá también en la Tierra una gran recompensa, aunque la comprenderá sólo quien la reciba. Será la recompensa de la paz de Cristo para todos mis hijos buenos; la recompensa de la luz de la Palabra para los "buenísimos", a los que vengo para hallar mi consuelo.

Queridos hijos míos, a quienes amo con un amor mucho más grande que todo el odio que como fluido infernal circula por la Tierra, amadme también vosotros. Hagáis lo que hagáis, digáis lo que digáis, hacedlo en nombre de vuestro Jesús; de este modo, a través de Él, agradeceréis a Dios, Padre vuestro. Y la gracia del Señor permanecerá en vosotros como una protección en la Tierra y una segura aureola en el Cielo».

---

36   Mateo 5, 3-12; Lucas 6, 20-23.

## Una Nota De María Valtorta.

Este "discurso" fue hecho hace unos ocho días más o menos, o sea, hacia el 10 u 11 del corriente mes. En él, tras varias frases que expresaban conceptos diversos, se afirmaba éste: que los sacerdotes no son necesarios ni a Dios ni a las almas, porque son mercaderes etc., etc. que sólo se preocupan de obtener lucro de su actividad etc., etc. que cuando termine la guerra, naturalmente con la victoria de Alemania, se instaurará un nuevo y verdadero culto, se erigirán nuevos y verdaderos templos y los fieles de la nueva fe irán a presenciar cómo se consuma el sacrificio, en el que se ofrecerá el pan dado al pueblo germánico y la sangre del mismo.

Son palabras y promesas que Hitler hizo a sus súbditos.

## 25 De Mayo De 1944: El Testimonio De Maria Valtorta.

Intentaré describir la inenarrable, la inefable, la beatífica visión que tuve ayer, en las últimas horas de la tarde, esa visión que me condujo del sueño del alma al sueño del cuerpo y que, cuando volví en mí, se me apareció aún más nítida y bella. Antes de disponerme a hacer esta descripción – que siempre resultará aún más lejos de la realidad de lo que estamos del sol – me pregunté: "¿Antes tengo que escribir o hacer mis penitencias?". Ardía por describir lo que me procura tanto júbilo y sé que después de la penitencia enfrento con mayor lentitud la fatiga material de la escritura.

Pero el Espíritu Santo me habla con su voz de luz; la llamo así porque es inmaterial como la luz y, al mismo tiempo, es clara y deslumbrante como la más resplandeciente de las luces y sus palabras, dirigidas a mi espíritu, son a la vez sonido y fulgor y, además, goce, goce, goce infinito. Esta voz, envolviendo mi alma en su destello de amor, me dice: "Comienza por la penitencia y luego escribe lo que te da tanta dicha. En ti la penitencia debe preceder siempre a todo, porque es la que te hace merecer la dicha. Cada visión nace de una precedente penitencia y cada penitencia te abre el camino hacia las más elevadas contemplaciones. Por eso vives. Por eso eres amada. Por eso serás bienaventurada. Es necesario el sacrificio, siempre el sacrificio; es tu vida, tu misión, tu fuerza, tu gloria. Sólo cuando te duermas en Nosotros, dejarás de ser hostia para convertirte en gloria".

Entonces, hice antes todas mis penitencias cotidianas, pero ni siquiera las advertía: los ojos del espíritu "veían" la sublime visión y ella anulaba la sensibilidad corporal. Por eso comprendo por qué los mártires podían soportar esos suplicios horrendos sin dejar de sonreír. Si en mí, que soy tan inferior a ellos en cuanto a virtud, una contemplación, al difundirse del espíritu a los sentidos materiales, puede anular en éstos toda sensibilidad al dolor, en ellos – que son perfectos en el amor, como puede serlo una criatura humana, y que por tal perfección ven sin velos la Perfección de Dios – debía producirse una verdadera anulación de las debilidades corporales. El júbilo de la visión anulaba la miseria de la carne, sensible a todo sufrimiento.

Y ahora intentaré describirla.

He vuelto a ver el Paraíso[37]. Y he comprendido de qué están hechas su Belleza, su Naturaleza, su Luz, su Canto, en fin, todo. E incluyo también sus obras, que son las que, desde las alturas, informan, ordenan, proveen a todo lo creado. Como ya ha sucedido la vez anterior – creo que fue a principios del corriente año – he visto la Santísima Trinidad. Pero vayamos por orden.

También los ojos del espíritu necesitan acostumbrarse gradualmente a la contemplación de una Belleza tan alta como ésta, a pesar de que son mucho más aptos para

---

37  Lo vio por primera vez el 10 de enero.

sostener esa Luz que los pobres ojos del cuerpo, pues éstos ni siquiera pueden mirar el sol, no obstante éste, comparado con la Luz que es Dios, es como la llamita de un humeante pabilo.

Dios es tan bueno que, aun queriendo revelarse en sus fulgores, no se olvida de que somos pobres espíritus, prisioneros aún en una envoltura de carne y, por tanto, debilitados por esta prisión. ¡Oh, qué bellos son los espíritus que Dios crea a cada instante para dar un alma a las nuevas criaturas, qué brillantes, cómo danzan! Los he visto y lo sé. Pero nosotros... hasta que no volvamos a Él, no podemos sostener el Resplandor de una sola vez. Y, en su bondad, Él va acercándonos poco a poco.

Pues bien, ayer por la noche vi en primer lugar una especie de rosa inmensa. La llamo así para dar la idea de esos círculos de luz jubilosa que cada vez más se concentraban alrededor de un punto de insostenible fulgor.

¡Era una rosa sin confines! Su luz era la que recibía del Espíritu Santo, o sea, la luz relumbrante del Amor eterno. Era como topacio y oro líquido convertidos en llama... ¡oh, no sé cómo explicarlo! Él estaba solo, solo en las alturas, inmóvil en el zafiro inmaculado y esplendente del Empíreo y desde allí irradiaba y la Luz descendía de Él a borbotones, incesantemente. Esa Luz penetraba la rosa de los bienaventurados y de los coros angélicos y la iluminaba con esa claridad suya que no es más que el reflejo de la luz del Amor que la impregna. Pero yo no distinguía ni a los santos ni a los ángeles; veía solamente los inconmensurables ribetes de los círculos de esa flor paradisíaca.

Ya con eso me sentía colma de beatitud y habría

bendecido a Dios por su bondad cuando, en lugar de quedar cristalizada de ese modo, la visión se iluminó con nuevos fulgores, como si estuviera acercándose cada vez más a mí y me permitió observarla con los ojos del espíritu, ya acostumbrados al primer fulgor y capaces, por lo tanto, de sostener uno más intenso.

Vi a Dios Padre: era un Esplendor en medio del esplendor del Paraíso, definido con líneas de luz deslumbrante, incandescente, de infinito candor. Imagínese Ud. cuán intensa debía de ser su Luz si, aun siendo circundada por otra sumamente brillante, lograba anularla hasta el punto de reducirla a una sombra reflejada en su esplendor y, por eso, me permitía distinguirle en medio de esa marea de luz. Es espíritu... ¡oh, cómo se ve que es todo espíritu! Es el Todo porque es absolutamente perfecto. Es la nada porque el roce de cualquier otro espíritu del Paraíso no podría tocar a Dios, que es Espíritu sumamente perfecto aun en su inmaterialidad, Espíritu que es Luz, Luz, nada más que Luz.

Frente a Dios Padre estaba Dios Hijo, con su Cuerpo glorificado ataviado con la espléndida vestidura real que cubría sus Miembros santísimos sin lograr ocultar su belleza inexpresable. Su Belleza se fundía con la Majestad y la Bondad. Las ascuas de sus cinco Llagas lanzaban cinco espadas de luz en todo el Paraíso, que aumentaban el esplendor de éste y el de la Persona glorificada.

No tenía aureola o corona alguna, pero todo su Cuerpo emanaba luz, esa luz especial de los cuerpos espiritualizados, que en Él y en su Madre es intensísima y se desprende de una Carne que no es carne opaca como la nuestra, sino que es luz. Dicha luz se condensa

aún más alrededor de su Cabeza, no como una aureola
– lo repito – sino como procediendo de toda su Cabeza.
También la sonrisa era luz y luz era la mirada; luz
emanaba de su hermosísima Frente sin heridas. Y hasta
parecía que en los puntos en que, otrora, las espinas
habían hecho brotar sangre y provocado dolor, ahora
manaba una luminosidad aún más viva.

Jesús estaba de pie y con la mano sostenía su estandarte
real, como en la visión que tuve, según me parece, en
enero.

Un poco más abajo que Él – pero no mucho, digamos a la
distancia que hay entre un peldaño y el sucesivo – estaba
la Virgen Santísima, bella como en el Cielo, o sea, con su
perfecta belleza humana glorificada en belleza celestial.

Estaba entre el Padre y el Hijo, que entre sí distaban
unos metros. (Digo esto para tratar de aplicar
comparaciones materiales). Ella estaba en el medio, con
las manos cruzadas sobre el pecho – esas manos dulces,
pequeñas, bellísimas, de inigualable candor – y miraba,
adorando, al Padre y al Hijo, alzando ligeramente su
apacible, su perfecto, su amoroso y suavísimo rostro.

Miraba al Padre con total veneración. No pronunciaba
palabra alguna, pero su mirada era ya, toda ella, una
expresión de adoración, de plegaria, de canto. No estaba
arrodillada, pero en esa mirada había tanta adoración
que era como si estuviera más postrada que en la más
profunda genuflexión. Decía:

"¡Sanctus!", decía: "¡Adoro Te!", únicamente con la
mirada.

Miraba a su Jesús llena de amor. No pronunciaba
palabra alguna pero su mirada era, toda ella, una caricia.

Cada caricia de esos ojos suaves decía: "¡Te amo!". No estaba sentada. No tocaba al Hijo, pero su mirada le acogía como si Él estuviera en su regazo, rodeado por sus brazos maternos como en la Infancia, como en la Muerte, o aún más. Le decía: "¡Hijo mío!", "¡Dicha mía!", "¡Amor mío!", únicamente con su mirada.

Se deleitaba mirando al Padre y al Hijo. Y cada tanto, alzaba aún más el rostro y la mirada en busca del Amor que resplandecía en lo alto, perpendicularmente sobre Ella. Entonces, su luz deslumbradora, esa perla hecha luz, se encendía como si una llama la abrasara y la hiciera aún más bella. Ella recibía el beso del Amor y se tendía con toda su humildad y su pureza, con su caridad, para retribuir con una caricia la Caricia y decir: "Heme aquí. Soy tu Esposa, te amo, soy tuya, tuya por la eternidad". Y, cuando la mirada de María se enlazaba a sus fulgores, el Espíritu irradiaba aún con más fuerza sus llamas.

María volvía otra vez sus ojos hacia el Padre y el Hijo. Parecía que, una vez que el Amor se había depositado en Ella, lo distribuía. ¡Qué pobre es mi expresión! Lo diré mejor. Parecía que el Espíritu la había elegido para que recogiera en Ella todo el Amor y lo llevara después al Padre y al Hijo, de modo que los Tres se unieran y se besaran convirtiéndose en Uno. ¡Oh, qué dicha poder comprender este poema de amor! ¡Y qué dicha ver la misión de María, Sede del Amor!

Pero el Espíritu no concentraba sus rayos únicamente en María. Nuestra Madre es grande; sólo Dios está antes que Ella. Mas, ¿puede un dique, aunque sea sumamente grande, contener el océano? No lo puede, pues se colma y desborda. El océano tiene aguas para toda la Tierra, igual que la Luz del Amor. Esta Luz descendía como una caricia perpetua sobre el Padre y el Hijo y les estrechaba en un anillo resplandeciente. Y, tras haberse beatificado con el contacto del Padre y del Hijo, que correspondían con amor al Amor, seguía ampliándose y se extendía sobre todo el Paraíso.

Y el Paraíso se me revelaba en sus detalles... He ahí a los ángeles; están más arriba que los bienaventurados, forman círculos en torno al Eje del Cielo, que es Dios Uno y Trino, y cuyo corazón es la Gema virginal: María. Se asemejan más profundamente al Padre. Son espíritus perfectos y eternos, son rasgos de una luz cuya intensidad es inferior únicamente a la de Dios Padre, son de una belleza inenarrable. Adoran... emanan armonías. ¿Con qué lo hacen? No lo sé, puede que las emitan con los arrebatos de su amor, puesto que no se trata de palabras: el trazado de la boca no altera su luminosidad. Resplandecen como las aguas inmóviles embestidas por un radiante sol. Su amor es canto, es una armonía tan sublime que sólo por gracia de Dios puede oírsela sin morir de gozo.

Más abajo están los bienaventurados. Ellos, en su aspecto espiritualizado, se asemejan más al Hijo y a María. Son más densos que los ángeles, diría que son visibles para los ojos y, lo que produce más impresión, sensibles al tacto. De todos modos, son inmateriales pero presentan los rasgos físicos, que son diferentes en cada uno de ellos, más marcados. Y eso me permite entender si se trata de un adulto o de un niño, de un hombre o de una mujer. No veo viejos, en el sentido de decrépitos. Al parecer, allá arriba también los cuerpos espiritualizados de los que murieron en edad avanzada, dejan de presentar los rasgos de decadencia de nuestra carne. Es verdad que es más majestuoso un anciano que un joven, pero no lo es la escualidez de las arrugas, de la calvicie, de la boca sin dientes y la espalda encorvada, rasgos propios de los seres humanos. La edad máxima parece ser de unos 40 ó 45 años, o sea, corresponde a una floreciente virilidad, aunque la mirada y el aspecto demuestran una dignidad patriarcal.

Entre los muchos espíritus... ¡oh, cuántos santos!... ¡y cuántos ángeles! ¡Los círculos, convertidos en una estela de luz, se funden con los azulados esplendores de una inmensidad sin confines! Y desde lejos, desde muy lejos, desde ese horizonte celeste, llega aún el eco del sublime aleluya y titila la luz que es el amor de este ejército de ángeles y beatos...

Esta vez veo, entre los muchos espíritus, uno imponente. Es alto, de aspecto bueno, aunque severo. Tiene una larga barba que desciende hasta la mitad del pecho y lleva en la mano unas tablas. Me parece que se trata de esas tablas enceradas que usaban los antiguos pueblos para escribir. Apoya la mano izquierda en dichas tablas y éstas, a su vez, sobre la rodilla izquierda. No sé quién es. Pienso que podría ser Moisés o Isaías. No sé por qué, pero lo pienso. Me mira y sonríe con gran dignidad. Y nada más. ¡Qué ojos los suyos!: parecen hechos para dominar las multitudes y penetrar los secretos de Dios.

Mi espíritu se acostumbra cada vez más a ver en la Luz. Y advierto que a cada fusión de las tres Personas – fusiones que se repiten con un ritmo apremiante e incesante, como si las acuciara un hambre insaciable de amor – se producen esos incesantes milagros que son las obras de Dios.

Veo que, por amor al Hijo – a quien siempre quiere dar el

mayor número de adictos – el Padre crea las almas. ¡Oh, qué hermoso es! Ellas surgen del Padre como destellos, como pétalos de luz, como gemas globulares, como no soy capaz de describir. Las nuevas almas van surgiendo incesantemente... van surgiendo hermosas, felices de descender para introducirse en un cuerpo por obediencia a su Autor. ¡Qué bellas son cuando surgen de Dios! No las veo en el momento en que las enfanga la mancha original; no puedo verlas porque estoy en el Paraíso.

Y, por celo hacia su Padre, el Hijo recibe y juzga, sin pausa, a los que vuelven al Origen para ser juzgados, una vez que ha cesado en ellos la vida. Yo no los veo pero, por el cambio de expresión de Jesús, comprendo si son juzgados con júbilo, con misericordia o inexorablemente. ¡Cómo resplandece su sonrisa cuando se presenta ante Él un santo! ¡Qué luz de desconsolada misericordia cuando debe separarse de alguien que, antes de entrar en el Reino, debe purificarse! ¡Qué destello de dolorosa, de ofendida pesadumbre, cuando debe repudiar por la eternidad a un rebelde!

Aquí comprendo qué es el Paraíso, de qué están hechas su Belleza, su Naturaleza, su Luz y su Canto. Están hechas de Amor. El Paraíso es Amor. El Amor lo ha creado todo en él. El Amor es la base sobre la que todo se apoya. El Amor es la cumbre de la que todo desciende.

El Padre obra por Amor. El Hijo juzga por Amor. María vive por Amor. Los ángeles cantan por Amor. Los bienaventurados elevan sus hosannas por Amor. Las almas se forman por Amor. La Luz existe porque existe el Amor. El Canto existe porque existe el Amor. La Vida existe porque existe el Amor. ¡Oh, Amor! ¡Amor! ¡Amor!... Me anulo en Ti. Renazco en Ti. Yo, como criatura humana, muero porque Tú me consumes. Yo, como criatura espiritual, nazco porque Tú me creas.

¡Amor, Tercera Persona, bendito, bendito, bendito seas! ¡Amor, que eres amor de las Dos Primeras, bendito, bendito, bendito seas! ¡Amor, que amas a las Dos que te preceden, bendito, bendito, bendito seas! Tú, que me amas, bendito seas. ¡Oh, Luz mía! Yo, que te amo, te bendigo porque me permites amarte y conocerte...

Después de haber escrito todo esto, he buscado en los fascículos la precedente contemplación del Paraíso. ¿Por qué lo he hecho? Porque siempre desconfío de mí misma y quería ver si una de las dos contradecía a la otra y, con ello, me habría persuadido de que soy víctima de un engaño.

No, no hay ninguna contradicción. La visión actual es aún más nítida pero, en lo esencial, son iguales. La visión anterior se refiere al 10 de enero de 1944. No había vuelto a examinarla desde entonces; puedo asegurarlo como bajo juramento.

## 25 De Mayo De 1944: Jesús.
### hacia el crepúsculo

Dice Jesús:

«En el Paraíso que el Amor te ha hecho contemplar, están solamente los "vivos" a que se refiere Isaías en el cap. 4; es una de las profecías que se leerán pasado mañana[38]. Las palabras siguientes explican cómo se logra estar "vivos" de ese modo: con el espíritu de justicia y con el espíritu de caridad se anulan las manchas ya existentes y se preserva de nuevas corrupciones[39].

Esta justicia y esta caridad que Dios os otorga y que vosotros debéis otorgarle, os conducirán al Tabernáculo eterno y os mantendrán a su sombra. Allí serán inocuos el ardor de las pasiones y las tinieblas del Enemigo, porque serán neutralizadas por vuestro Santísimo Protector que, más amoroso que una clueca con sus polluelos, os cobijará al amparo de sus alas y os defenderá de todo ataque sobrenatural. Pero no debéis alejaros nunca de El que os ama.

Alma mía, piensa en la Jerusalén que te ha sido mostrada. ¿No merece, acaso, que se cumplan todos los cuidados para poseerla? ¡Vence! Yo te aguardo. Nosotros

---

38  ] Serán leídas del Misal que estaba en vigor en esa época.
39  Isaías 4, 4.

te aguardamos.¡Oh, quisiéramos decir esta palabra a todos los seres de la Creación o, al menos, a todos los cristianos, al menos a todos los católicos y, sin embargo, podemos decirla a muy pocos!

Ahora basta, porque estás cansada. Reposa pensando en el Paraíso».

## 29 De Junio De 1944: Jesús.

Dice Jesús:

«Amor a la obediencia y la verdad. Has recibido un fuerte castigo por no haber querido seguir la "voz" interior y la palabra de tu Director. Mas si bien es cierto que el castigo perdura, la culpa ha sido anulada por la misma causa que te llevó a oponer resistencia. Has obrado por un motivo de amor y el amor cubre el pecado y lo destruye. Mas no vuelvas a hacerlo. Por sobre las voces de cualquier tipo está mi voz y la de quien habla en mi nombre; estas voces deben ser escuchadas siempre. Obraste como una niñita irreflexiva. Pero como soy justo, tengo en cuenta los atenuantes y noto el motivo de amor que, aunque humano, siempre es amor y sabré obtener un bien también de este error tuyo. Ve en paz».

## Más Tarde Dice Jesús:

«Todo ser viviente y todo lo que le pertenece, muere y desvanece para no volver jamás. La alegría, el dolor, la salud, la enfermedad, la vida, son episodios que se producen y, tarde o temprano, se disuelven y, bajo esa forma, ya no vuelven jamás. La alegría o el dolor, la salud o la enfermedad pueden volver bajo otras formas, con otro aspecto. Pero esa determinada alegría, ese determinado dolor, esa enfermedad, esa salud, ya no vuelven. Pertenecen a un momento. Cuando ese momento haya pasado, llegará otro momento semejante, pero no será jamás ese preciso momento.

Y en cuanto a la vida... ¡oh!, una vez que ha pasado, la vida ya no vuelve. Se os concede una hora de eternidad, un momento de eternidad para conquistaros la Eternidad.

¿No has pensado nunca que este motivo podría ser aplicado a la parábola de las minas de la que habla Lucas[40]?

Se os da una moneda de eternidad. El Señor os la confía y os dice: "Id. Negociad vuestra moneda hasta que Yo vuelva". Y a su regreso, o mejor, a vuestro regreso a Él, os pregunta: "¿Qué has hecho de mi moneda?".
Y el siervo fiel, feliz, puede responderle: "Pues bien, mi Rey. Con esta moneda de eternidad he hecho este trabajo y este otro y también éste. Y sé, no por haberlo calculado sino por la palabra angélica, que he ganado diez veces más". Entonces, el Señor le dice: "¡Muy bien,

---

40   Lucas 19, 11-27.

mi fiel siervo! Dado que fuiste fiel cuando te di poco, ahora te daré poder sobre diez ciudades y, en tu caso, reinarás aquí, donde Yo reino por la eternidad, y reinarás inmediatamente, pues trabajaste como más y mejor no habrías podido hacer".

Luego Dios llamará a otro y éste le dirá: "Con tu moneda hice este trabajo y este otro. Mira, mi Rey, lo que está escrito de mí". Y Yo le diré: "Entra también tú, porque trabajaste como pudiste y todo lo que pudiste".

Mas al que me diga: "He aquí tu moneda tal cual. No la negocié porque temía tu justicia", le diré: "Ve al Purgatorio para conocer allí el Amor y trabaja allí para conquistarte el reino, pues has sido un servidor indolente, no te has empeñado en saber quién soy y has juzgado que soy injusto, dudando de mi justicia y olvidándote de que Yo soy el Amor. Que tu dinero sea vuelto en expiación".

Y al que se presente ante Mí y me diga: "Yo derroché tu moneda, gocé de ese dinero porque no creía que existiera de verdad este Reino y quise disfrutar de la hora que se me había concedido", le responderé indignado: "¡Oh, siervo necio y blasfemo! Que te sea quitado mi don y sea depositado en el Tesoro eterno, y tú vete adonde no está Dios y la Vida no existe, pues no quisiste creer y quisiste gozar. Gozaste y, por lo tanto, ya tuviste tu gloria carnal, sin alma. Ahora basta; el Reino de la eternidad quedará cerrado por siempre para ti".

Si Yo fuera solamente Justicia, ¡cuántas veces tendría que tronar estas palabras! Mas el Amor es más grande que mi Justicia. La una es perfecta y perfecto es el otro, mas el Amor es mi misma naturaleza y tiene prioridad sobre mis otras perfecciones. Es por eso que gano tiempo con el pecador y obro de modo que el culpable no perezca del todo.

Os doy tiempo. Eso es amor y justicia a la vez. ¿Qué diríais si os zarandeara al primer error? Diríais: "¡Pero, Señor, si me hubieras dado tiempo para reflexionar, me habría arrepentido!". Os concedo tiempo. Faltáis una vez, dos, diez, setenta veces y Yo podría castigaros. Os doy tiempo para que no podáis decirme: "No has tenido bondad para conmigo".

Al contrario, sois vosotros los que no sois bondadosos con vosotros mismos, los que os priváis de la riqueza que creé para vosotros, los que os suicidáis quitándoos la Vida que os he dado.

La mayor parte de vosotros disipa o emplea mal la moneda de eternidad que os entrego; de este modo, hacéis de vuestra jornada terrena el medio para un eterno sufrimiento en lugar del instrumento de vuestra eterna gloria. Por otra parte, la minoría de vosotros teme mi Justicia y, por eso, permanece inerte y se condena a aprender entre las llamas del amor purgativo quién es Dios-Amor.

Sólo una pequeñísima parte sabe apreciar mi moneda y hacerla rendir diez por una, sabe sumergirse en el amor como el pez en un límpido vivero y remontar la corriente para llegar a la fuente, a su Dios, y decirle: "Heme aquí. Creí, amé, esperé en Ti. Fuiste mi fe, mi amor, mi esperanza. Ahora vengo a Ti y mi fe y mi esperanza cesan, todo se convierte en amor, puesto que ya no necesito creer que existes, ya no necesito esperar en Ti y en esta Vida. Ahora te poseo, Dios mío. Y el eterno deber de esta Vida mía eterna es amarte, sólo amarte".

Alma mía, que puedas estar entre estas almas y que mi paz sea contigo para ayudarte en esta obra».

# El Alma En El Purgatorio De Montefalco.
### Extracto de "quién muere verá..."
### Por Dolindo Ruotolo, sacerdote. Ch XIII

Antes de terminar el misterio y la realidad absoluta del Purgatorio, vamos a hablar de la manifestación de un alma en el Purgatorio, que ocurrió en la ciudad de Montefalco, en la diócesis de Spoleto, Italia, del 2 de septiembre de 1918 al 9 de noviembre de 1919. Las siguientes manifestaciones, con la evidencia de testigos, altamente respetados por su fe, tuvieron la confirmación de un juicio eclesial solicitado por Monseñor Peter Pacifici, Obispo de Spoleto, Italia, del 27 de julio al 8 de agosto de 1921. Adjunto está lo ocurrido.

Todas las manifestaciones extraordinarias, todas juntas (fueron 28), ocurrieron en el Monasterio de San Leonard en Montefalco, donde vive una gran Comunidad de Hermanas Clarisas Pobres (las Hermanas Clarisas Pobres conservan su monasterio hasta hoy en día)[41]. El 2 de septiembre sonó el timbre de la puerta de la sacristía

---

41   Las Clarisas son monjas de clausura, es decir, no salen de su monasterio y apenas ven a alguien incluso cuando alguien quiere comunicarse con ellas. Las monjas, hablan con la gente a través de una pequeña rejilla. Para aceptar donaciones, las monjas tienen una mesa giratoria a través de una abertura en la puerta. Las donaciones se ponen sobre la mesa y las monjas giran la mesa para recoger la donación.

En la Reencarnación

y la Hermana María Teresa de Jesús, Abadesa del monasterio, fue a responder. Una voz le dijo: "Debo dejar aquí esta limosna".

La hermana llegó a la mesa giratoria y encontraron 10 liras. La Abadesa preguntó el motivo del dinero, si era para celebrar una misa especial para alguien o para un Tridumm u otras oraciones. La voz dijo: "Ninguna razón".

La Abadesa le preguntó: "Disculpe, pero yo me pregunto: ¿quién es usted?"

La voz dijo: "No es importante saber".

La voz sonaba amable, pero dolorosa, lejos y a toda prisa, como de alguien en la clandestinidad.

Esto ocurrió también el 5 de octubre de 1918, el 31 de octubre, 29 de noviembre, el 9 de diciembre, el 1 y el 29 de enero de 1919, siempre de la misma manera. Sobre la mesa giratoria se dejaba 10 liras y ante la pregunta de la Abadesa, la voz respondía: "La oración siempre es buena".

El 14 de marzo de 1919, cuando las hermanas estaban haciendo su examen de conciencia, aproximadamente a las 8 de la noche, sonó la campana dos veces. La Abadesa salió a la puerta y al girar la mesa, ella volvió a encontrar 10 liras. Sin embargo nadie respondió a sus preguntas. Sorprendida, la Abadesa llamó a una sirviente para que fuera a la parte exterior de la iglesia que estaba cerrada a esa hora del día, y sólo las monjas mantenían las claves, para buscar si había alguien. Nadie estaba fuera ni nadie estaba en la Iglesia.

A partir de entonces, las hermanas empezaron a sospechar que quien estaba dando la limosna no era una persona terrenal.

El 11 de abril, de nuevo como antes, 10 liras fueron encontradas en la mesa giratoria, sin embargo, esta vez la voz respondió a la Abadesa, pidiendo oraciones para un difunto.

El 2 de mayo se produjo la décima manifestación. Un poco antes de la hora de silencio, alrededor de las 9:30 de la noche sonó el timbre de nuevo. Esta vez la Abadesa fue con otras tres hermanas, la Hermana María Francisca de las Cinco Llagas, la Hermana Amante María de San Antonio y la Hermana Angélica Ruggeri. Ellas encontraron en la mesa giratoria 20 liras en dos billetes de 10 liras cada uno presentado en forma de cruz. Tampoco nadie estaba a la vista, y no había nadie en la Iglesia.

El 25 de mayo, 4 de junio y el 21 de junio nuevamente se encontraron 10 liras en la mesa giratoria, pero nadie respondió o estaba a la vista.

El 7 de julio, alrededor de las 2 de la tarde, sonó el timbre de la puerta. La Abadesa pensó que había niños en la Iglesia y porque las monjas hacían su retiro, ella decidió no responder. Cerró los ojos para descansar un poco, pero una voz fuera de la habitación, dijo:

"sonó el timbre de la puerta en la sacristía".

Entonces, ella fue a la sacristía y oyó la voz habitual que decía: "Yo dejo aquí 10 liras para las oraciones".

"En el nombre de Dios, ¿quién es usted?" preguntó la Abadesa.

La voz dijo: "No está permitido" y no más palabras fueron escuchadas.

La Abadesa preguntó luego a las demás hermanas si cualquiera de ellas la había llamado desde fuera de la habitación. Pero nadie la había llamado.

El 18 de julio, después del silencio de la noche, alrededor de las 9:30, la Abadesa fue a cerrar la puerta del horno dejada abierta cuando sonó el timbre de la puerta. Ella fue a la sacristía y diciendo el saludo: "Alabado sea Jesús y María", ella oyó la voz respondiendo: "Amén", añadió: "Quiero dejar aquí esta limosna para la oración habitual".

La Abadesa, tomó valentía y le preguntó: "En nombre de Dios y de la Santísima Trinidad, ¿quién es usted?" La misma voz respondió: "No está permitido", y nada más. Tampoco había nadie alrededor y la iglesia estaba cerrada y vacía.

El 27 de julio, la Abadesa encontró en la mesa 10 liras pero ella no supo dónde poner las limosnas.

El 12 de agosto, alrededor de las 8 de la noche, de nuevo el timbre de la puerta, y de nuevo, 10 liras en la mesa. Esta vez, la Abadesa había ido a la puerta con otras dos monjas, la Hermana María Nazarena de la afligida Madre y la Hermana Chiara Benedetta Josephine del Sagrado Corazón. De nuevo, no había nadie a la vista. El Reverendo Padre Alessandro Climati, Pastor de la Iglesia de San Bartolomé y confesor de las monjas fue llamado así como el Padre Agazio Tabarrini, Pastor de Casale, capellán del monasterio y el Padre Angelo, guardián de los franciscanos capuchinos. Buscaron en la Iglesia junto con la sirviente. La Iglesia estaba vacía.

El 19 de agosto, alrededor de las 6:30 de la tarde, sonó el timbre de nuevo. La Abadesa dijo el saludo "Alabado sea Jesús y María" y la voz respondió: "Amén" e inmediatamente dijo: "Dejo esta limosna para las oraciones". La Abadesa contestó: "Vamos a decir las oraciones, pero mantenga su dinero y déselo a alguien que lo necesite más".

La voz en un tono triste dijo: "Oh no, por favor tome, es un acto de misericordia".

La Abadesa le preguntó: "¿Está permitido saber quién es usted?"

La voz contestó: "Está siempre está conmigo" y nada más se escuchó. 10 liras se dejaron. Lo mismo ocurrió el 28 de agosto y 4 de septiembre. La Abadesa nunca obtuvo una respuesta. El 16 de septiembre, alrededor de las 9:15 de la noche, la Abadesa estaba cerrando el dormitorio cuando escuchó sonar el timbre de la puerta. Ella salió a la puerta junto con otra monja y encontraron 10 liras en la mesa giratoria. La Abadesa decidió no tomar el dinero y estaba a punto de salir cuando oyó una voz que decía: "Tómalo, es para satisfacer la justicia Divina". La Abadesa dijo: "Repite esta breve oración: Sea bendito el santo, más puro, la Inmaculada Concepción de la santísima Virgen María". La breve oración fue fielmente repetida.

El 21 de septiembre sobre la mesa giratoria fueron encontrados 10 liras, pero nadie estaba a la vista. El 3 de octubre, alrededor de las 9 de la noche, pasado el tiempo de silencio, la Abadesa estaba mirando fuera de su ventana en su habitación cuando oyó el timbre de la puerta. Cuando tuvo lugar la conversación habitual, la Abadesa se negó a tomar el dinero diciendo que su confesor no estaba contento, porque pensó que era una manifestación diabólica. La respuesta llegó: "Soy un alma en el Purgatorio. Llevo 40 años en el Purgatorio porque

he dilapidado los bienes de la Iglesia".
El 6 de octubre, la Santa Misa fue celebrada en sufragio de su alma. Poco después sonó el timbre de la puerta y la Abadesa salió a la puerta, la voz dijo: "Muchas gracias. Dejo aquí estas limosnas".
La Abadesa quiso hablar algo más, pero no recibió más respuestas. La sacristía estaba cerrada, pero en la mesa giratoria fueron dejadas 10 liras. La misma cosa ocurrió el 10 de octubre. Cuando la Abadesa quiso hacer más preguntas acerca de su identidad, la habitual voz dijo: "El juicio de Dios es justo y bueno".

Pero ¿cómo es esto posible? He tenido varias misas para usted, y una sola es suficiente para liberar un alma y ¿todavía está en el Purgatorio?"

La voz contestó: "Yo sólo recibo una pequeña parte de ella". La voz no respondió a otras preguntas. También esta vez se dejaron 20 liras.

El 20 de octubre, a las 8:45 de la noche, la hora de silencio apenas había comenzado y con la Abadesa Sor María Rosalía de la Cruz y de la Hermana Clara Giuseppa del Sagrado Corazón iban arriba cuando sonó el timbre de la puerta. La Abadesa encontró las habituales 10 liras, pero nadie respondió. Ella no tomó la limosna y se fue a cerrar la puerta del dormitorio. Sonó el timbre de nuevo. Acudió de nuevo a la puerta y a su saludo: "Alabado sea Jesús y María", la voz dijo: "Amén". Luego, la voz casi inaudible dijo: "Por favor, tome esta limosna, es un acto de misericordia". Después de que la Abadesa la tomó, la voz dijo: "¡Gracias!"

El 30 de octubre a las 2:45 de la tarde, la Abadesa escuchó una voz desde la habitación contigua diciendo:

"sonó el timbre de la puerta". Ella fue a abrir la rejilla de la puerta y a su saludo habitual, la voz respondió: "Amén. Dejo aquí la limosna". La Abadesa sin dejarlo terminar las palabras, inmediatamente dijo: "Lo siento, por el orden de mi confesor no puedo tomar su limosna. En nombre de Dios y por el orden de mi confesor, dime quién eres. ¿Es usted un sacerdote?

La voz le respondió: "Sí".

"¿Ha despilfarrado los bienes que le pertenecen a este monasterio?"

"No, pero tengo el permiso para traer el dinero aquí", fue la respuesta.

La Abadesa dijo: "¿De dónde ha tomado este dinero?"[42]

El alma dijo: "El juicio de Dios es justo y bueno". La Abadesa dijo: "No creo que usted sea un alma, creo que es alguien que está haciendo una mala broma".

El alma dijo: "¿quiere un signo?"

"No", la Abadesa respondió, "Porque me da miedo. Puedo ir y llamar a otra hermana. Vuelvo enseguida".

El alma dijo: "No puedo esperar. No tengo el permiso".

Probablemente no estaba permitido que esta alma de un signo en presencia de otros por el miedo y el bullicio que habría seguido.

---

42   Según una sugerencia inspiradora del editor inglés del presente libro, el Padre Christopher Rengers, C.A.P.: "Yo estuve pensando también en cómo esta alma consiguió el dinero. Mi teoría es que el sacerdote había acumulado poco a poco un injusto tesoro personal. Por ello, había sido mandado para restaurarlo poco a poco, al igual que lo había acumulado. Así que él estaba restaurando las mismas monedas que injustamente había ocultado para uso privado más tarde. Es sólo una teoría imaginativa y elimina la necesidad de otros posibles milagros".

La Abadesa tomó las 10 liras y el alma dijo: "Ahora puedo entrar en la oración".
Hasta ese día el alma había puesto sobre la mesa giratoria unas 300 liras. Cuando el alma le agradeció a la Abadesa por tomar el dinero, la Abadesa dijo: "¿Rezará por mí, por nuestra Comunidad y nuestro Confesor?" El alma contestó: "Benedictus Dei qui..." (la bendición de Dios que..). La voz habló suavemente hasta que no pudo ser escuchada más. Sin embargo, la voz esta vez no parecía tener tanta prisa como las veces anteriores y era menos hueca; mientras que en otras ocasiones parecía venir de fuera, ahora parecía que estaba hablando en la oreja derecha y a medida que se alejaba se oída desde la oreja izquierda.

El 9 de noviembre se produjo la última de las manifestaciones. Alrededor de las 4:15 de la tarde, la Abadesa desde el dormitorio escuchó el timbre de la puerta de la sacristía. En su saludo: "Alabado sea Jesús y María", la habitual voz contestó: "Sean elogiados por siempre. Doy las gracias a usted y a toda su comunidad porque ahora estoy fuera de todo mi sufrimiento".

La Abadesa contestó: "De las gracias también a los Sacerdotes que hicieron muchas misas para usted, ¿no? ¿El confesor, Don. Luigi Bianchi, Padre Agazio?"

La voz dijo: "Doy gracias a todos ustedes".

La Abadesa comentó: "Me gustaría ir al Purgatorio donde usted estuvo, de esta manera yo estaría más segura..."

El alma respondió: "Haz la voluntad del Todopoderoso".

La Abadesa: "¿Va a orar por mí, por la Comunidad, por mis padres si están en el Purgatorio, por el Confesor, Don. Luigi Bianchi, por el Papa, por los Obispos, por el

Cardenal Ascalesi?"

El alma dijo: "Sí".

La Abadesa: "Bendígame y a la gente que nombré".

El alma: "Benedictio Domini super vos". (La bendición de Dios sobre todos vosotros).

La mañana antes de esta última manifestación Don Luigi Bianchi S.J, celebró la Santa Misa en el altar privilegiado en la Iglesia de los jesuitas, la Iglesia de Jesús en Roma.

Al comienzo de las manifestaciones, la voz del difunto sacerdote estaba triste.

A medida que pasaba el tiempo, cada vez se hizo más alegre y la última vez sonaba muy contento. El sonido del timbre que inicialmente estaba triste y débil, parecía ahora transmitir una sensación de paz y alegría en el corazón de quien lo escuchaba.

Después de las primeras manifestaciones, todas las monjas oraron por el fallecido tan pronto como supieron de él. Con las 300 liras que dejó el alma, se celebraron 38 Misas por él.

Este relato es auténtico, escrito por las Hermanas Clarisas del Monasterio de San Leonard en Montefalco, Italia.

Se informó inmediatamente al arzobispo de Spoleto, Mons. Pietro Pacifici, a Su Eminencia el Cardenal Pompili, Vicario del Santo Padre en Roma, a Su Eminencia el Cardenal Ascalesi en Nápoles, Italia, y a muchas otras personas. Un billete de 10 liras, números de serie 041161 y 2694 fue mantenido en el recuerdo.

En julio de 1921, el Mons. Pietro Pacifici quiso entablar

un juicio canónico y exhortó al Mons. Giovanni Capobianco que fue juez de la Corte de Roma. Los actos originales del juicio se conservan en el archivo de la Curia Arzobispal de Spoleto. Son 200 páginas en el protocolo. En ellos está la deposición de doce testigos solicitados por el postulador de la causa. Habían siete monjas, el Rvdo. Agazio Tabarrini, capellán del monasterio, franciscano capuchino, Fr. Valentino da Giano, Millei Catherine, siervo del monasterio, el Reverendo Thomas Casciola, Pastor asociado en la Iglesia de San Bartolomé y el Sr. Ponziani Vergari.

Tres disposiciones adicionales se añadieron tres ex oficio: los más eminentes, Cardenal Alessio Ascalesi, Monseñor Climati y el Dr. Alessandro Tassinari, médico de Montefalco. En el apéndice de arriba, con otros documentos, se reportan en el juicio de los actos de la primera investigación sobre las manifestaciones y la deposición de Fr. Luigi Bianchi SJ, certificada por su Provincial porque este sacerdote no pudo estar presente.

El resultado de la prueba fue positivo, de ahí las manifestaciones jurídicas fueron verificadas.

La sacristía, en la que tuvieron lugar manifestaciones fue hecha una Capilla para los sufragios de las almas en el Purgatorio, especialmente de los sacerdotes fallecidos.

Se bendijo el 25 de febrero de 1924, y a partir de hoy, es un centro de muy ardiente caridad para los sufrimientos de las pobres almas.

Una Cofradía de las almas en el Purgatorio fue establecida, especialmente las almas de los Sacerdotes.

# 8 De Octubre De 1943: Jesús.

Dice Jesús:

«Mi Misericordia es tan infinita que obra prodigios, cuya fuerza y forma veréis sólo en la otra vida, para conquistar el mayor número de almas a la Resurrección de la carne en Cristo.

No quiero que vosotros, señalados con mi Nombre, muráis para siempre. Os quiero resucitar. He muerto para poder resucitaros. He exprimido mi Sangre de mis carnes como racimo prensado para poderos resucitar. Las gotas de mi Sangre están en vosotros y anhelan volver al Corazón del que proceden. Repito cuanto dije ayer. Pocos son aquéllos en los que mi Sangre no produce un mínimo de méritos, no por culpa de la Sangre sino de su correspondencia a Ella, capaz de salvar el alma. Los Judas no son la masa, porque muchas veces, tras una vida infame vivida por un cuerpo en el que el alma fue tenida esclava, se logra un triunfo del alma sobre la materia con el hecho de que en la hora última esa alma, en los umbrales de la muerte que libera al espíritu de la carne, se vuelve a Dios de quien conservaba un recuerdo, y se refugia en Él.

Y creedme: en verdad basta un latido de amor, de

intimidad y de arrepentimiento, para hacer que el baño de mis méritos descienda sobre el pecador y lo lleve a la salvación.

Mi Justicia no es la vuestra, y mi Piedad es muy distinta de la vuestra.

Cuando se vea el número de los salvados por mi Amor todo misericordia, serán proclamadas las virtudes del Cordero con voz de júbilo por todos los espíritus vivientes en su Reino. Porque vosotros sois los salvados por el Cordero que se ha hecho inmolar por vosotros. Y si los que siempre han vivido en Él y de Él, hasta el punto de no conocer el sentido, le seguirán cantando el cántico conocido sólo por ellos, los salvados por su Misericordia, en la última hora terrena, postrados en adoración de amor, le bendecirán eternamente porque Él es para ellos doblemente Salvador. Salvador de Justicia y Salvador de Amor. Por la Justicia ha muerto para limpiaros en su Sangre. Por el Amor os da su Corazón abierto para acogeros aún manchados de culpas y limpiaros en el incendio de su amor cuando, muriendo, le llamáis a Él que os ama y que os promete un Reino».

## 9 De Octubre 1943: Jesús.

1 hora

Dice Jesús:

«Por eso no os entristezcáis los que lloráis. Confiad en Mí y confiadme la suerte de vuestros amados. El tiempo de la tierra es breve, hijos. Pronto os llamaré donde la vida dura. Sed pues santos para conseguir la vida eterna, donde os esperan ya vuestros dilectos o donde os alcanzarán tras la purificación.

La separación actual es breve como una hora que pasa pronto. Después viene nuevamente la unión de los espíritus en la Luz y, en el futuro, la dichosa resurrección, por la que no sólo gozaréis de la unión con vuestros amados, sino también de la visión de esos rostros tan queridos cuya desaparición os hace llorar como si un robo os hubiera despojado de la piedra preciosa que más queríais.

Nada ha cambiado, hijos. La muerte no os separa, si vivís en el Señor. Quien ha ido más allá de la vida terrena no está separado de vosotros. No lo puede estar porque vive en Mí como vosotros vivís. Sólo — para poneros una comparación humana— ha salido de los miembros inferiores a las partes más altas y nobles, y por eso os ama con mayor perfección porque está aún más unido a

Mí, y de Mí toma perfección. Sólo los condenados están "muertos". Sólo ellos. Pero los demás "viven".
Viven, María, Entiendes: viven. No llores[43]. Ora. Pronto vendré.

El obrero, según va cayendo la tarde, apura el trabajo para finalizar la obra de su jornada e ir contento al reposo después de haber tenido digna recompensa. También cuando para una criatura cae la tarde de la vida en la tierra, es necesario apurar el trabajo para dar los últimos retoques a la obra casi terminada. Y darlos con alegría, pensando que está cercano el reposo tras tanta fatiga y que la recompensa será abundante porque mucho se trabajó.

Yo soy un Amo que retribuye bien. Yo soy un Padre que te espera para premiarte. Yo soy aquel que te ama, que te ha amado siempre y que siempre te amará. Ni una de tus lágrimas me es desconocida y no quedará sin premio. Está cada vez más en Mí y no temas. No temas que Yo te deje sola. Incluso, cuando no hablo, estoy contigo.

¿Sola tú? ¡Oh! ¡no lo digas! Tienes contigo a tu Jesús, y donde está Jesús está todo el Paraíso. No estás sola. María no estaba sola en la casita de Nazaret. Los ángeles estaban alrededor de su soledad humana. Tú, María, no estás sola. Me tienes a Mí por Padre, tienes a María por Madre, tienes a mis santos por hermanos y a los ángeles por amigos. Quien vive en Mí lo tiene todo, hija mía.

No te digo: "No llores". También Yo he llorado y ha llorado María. Pero te digo: No llores con ese llanto humano que es negación de fe y de esperanza. No llores nunca así.

Ten fe no sólo en las grandes cosas de la Fe, sino

---
43  Por la muerte de la madre

también en mis palabras secretas. Son mías, está segura de ello. Y ten esperanza en mis promesas. Cuando venga a darte la Vida verás que no has perdido a los que has llorado. Perdido es quien muere sin Jesús en el corazón.

Tú permanece en Jesús. En Él encontrarás todo lo que suspiras.

Yo secaré para siempre toda lágrima de tus ojos así como ahora consuelo todo tu dolor, que no puedo evitarte porque sirve para la gloria de tu Dios y para la tuya.

El invierno de la vida pasa pronto, paloma mía, y cuando llegue la eterna primavera vendré para coronarte de flores quitándote las espinas que llevaste por amor mío».

## 9 De Octubre 1943: Jesús.

Aún el 9 de octubre, en plena mañana y después de mi tremenda crisis y de la Comunión.

Dice Jesús:

«Están los que han venido a Mí por vía ordinaria y están los predestinados a ser cualquier cosa a mi servicio. Entre los predestinados están los que vivieron como ángeles desde su nacimiento y los que se hicieron

ángeles, por amor, después de haber sido hombres. Pero son, de todas formas, los predestinados a ser estrellas que iluminen el camino de los hermanos que van y necesitan tantas luces para caminar.

Yo soy la Luz. Luz potentísima. Y debería bastar para guiar a los pueblos por el camino que lleva al Cielo. Pero los hombres, cuyos ojos están demasiado inclinados sobre el fango, no soportan ya la Luz absoluta. Ya no la pueden acoger porque les falta el ejercicio espiritual de la mente dirigida a Dios y la confianza en Dios.

Los hombres miserables o están separados por Mí, y no me miran porque no piensan en Mí, o bien están aplastados por su pequeña mentalidad que les hace ver y pensar a Dios a su medida. Por ello dicen, no humildemente sino sólo con vileza: "Soy demasiado distinto de como Dios quiere que sea el hombre, y no puedo alzar la mirada a Dios".

¡Oh! ¡Ciegos y necios! Pero ¿acaso son los sanos los que van al médico? Pero ¿acaso son los ricos los que van al benefactor? No. Son los enfermos y los pobres quienes recurren a quien les puede ayudar. Y vosotros sois pobres y enfermos y Yo soy vuestro Señor y vuestro Médico.

Inútilmente lo digo. Tenéis miedo de Mí. No teméis pecar y desposaros con Satanás, pero tenéis miedo de mirarme y de acercaros a Mí.

Y entonces, para que no muráis fuera de mi Camino, os doy las estrellas de luz suave que no son mas que emanaciones de Mí, parte de Mí que viene a vosotros de modo tal que no os induzca a necio terror. Yo: Sol eterno compenetro de Mí a mis predestinados y ellos irradian mi Luz entre vosotros y emiten corrientes de atracción espiritual para atraeros a Mí que os espero en el umbral de los cielos.

¡Ay de la tierra si llegase un día en el que el ojo de Dios ya no pudiera escoger entre los hijos del hombre los seres predestinados a ser mis portadores de Luz y de Voz! ¡Ay! Querría decir que entre los miles de millones de hombres ya no queda un justo y un generoso, porque los predestinados están entre los justos que nunca ofendieron a la Justicia, y los generosos que lo han superado todo, empezando por sí mismos, para servirme.

Tú estás entre éstos, pequeña criatura que vives de amor. Estás entre éstos. Después de tanto tormento has comprendido que sólo Yo podía ser para ti lo que tu alma quería, y has venido.

Pero Yo te había elegido antes de que existieras, para ser la voz de la Voz de Jesús-Maestro. He esperado esta hora, María, con corazón de padre y de esposo, te he incubado con mis miradas, esperando paciente el momento de comunicarte mi Voluntad y mi Palabra. Nada me estaba escondido de cuanto de menos bueno habrías hecho, pero tampoco nada de cuanto habrías osado desde el momento en que te lanzaras en la corriente del amor.

"Tarde" dirás "te manifestaste, Señor". Tarde. Hubiera querido que fuera mucho antes, hija, pero he tenido que trabajar en ti como hace el orfebre con el oro bruto. Yo te he formado dos veces. En el seno de tu madre para darte al mundo, pero después en mi seno para darte al Cielo y hacerte portadora de mi Luz en el mundo. Sabía cuándo vendrías y sabía cuándo serías adulta para servir. Dios no tiene prisa porque lo sabe todo de la vida de sus hijos.

Ha llegado la hora en la que tú ya no eres una mujer, sino sólo un alma de tu Señor, un instrumento, como tú has dicho. Y cuando lo escribías[44] no sabías que mi amor se habría servido de ti así, después de tantos años de prueba. Ahora vete, actúa, habla según mi deseo. No digo mandamiento. Digo deseo, porque se manda a un súbdito y se pide al amigo, y tú eres mi amiga.

Y no tengas miedo. De nada ni de nadie. Ni las fuerzas de la tierra ni las fuerzas del infierno podrán dañarte, porque tú estás conmigo. Cuanto dices no es tu palabra; es mi palabra que Yo pongo en tus labios para que tú la vuelvas a decir a los sordos de la tierra. Cuanto haces es mi fuerza que Yo te doy para el bien de quien muere en la

---

44   En la Autobiografía.

debilidad del espíritu.

Ya no eres la pobre María, una mujer débil, enferma, sola, desconocida, sujeta a insidias. Eres mi discípula predilecta, y Yo te juro que aunque todo el mundo se propusiera hacerte la guerra no podría quitarte lo que te he dado, porque Yo estoy contigo.

Has entendido bien. El septentrión[45] son los pueblos que ahora invaden o intentan invadir la tierra cristiana por excelencia: aquélla donde está Roma, sede de mi Iglesia. Castigo merecido por los prevaricadores que han inclinado la cabeza, ya señalada con mi signo, ante los ídolos de las falaces potencias extranjeras que ahora son las primeras en traer tormento.

Esta hora es de dolor para los honestos. Pero no querido por Mí. Procurad que el dolor tenga un límite. Hacedlo volviendo a Mí.

Si las cuatro fuerzas del septentrión se aliaran contra vosotros en una espantosa conjura de potencias tenebrosas, la luz se apagaría sobre vuestro suelo y la sangre de los mártires lo refrescaría con nueva sangre que gotearía sobre él.

Es necesario rezar mucho, mucho, mucho, hija de mi amor. Ya no puedo pedirte más sacrificios de afectos, porque estás desnuda como Yo en la cruz. Pero, si fuera posible, te pediría muchos más con este fin. Te ayudaré; pero dado que necesito lágrimas que sean agua bendita para esta Italia enfangada, te advierto que haré que tu pena sea acerba, para que valga por muchos lutos, y por muchos perdones de Dios para Italia.

Di conmigo: "Señor, acepto beber el cáliz de dolor para

---

45   En el renglón la escritora anota a lápiz: Jeremías cap

preservar a Italia de nuevas desgracias y, en particular, de las del espíritu. Quédate conmigo, Señor, mientras que apuro mi Pasión de pequeña redentora", y Yo me quedaré siempre contigo, hasta que llegue la hora de llevarte allí donde la Pasión cesa y se inicia la gloriosa Resurrección en Mí».

www.ingramcontent.com/pod-product-compliance
Lightning Source LLC
Chambersburg PA
CBHW070621050426
42450CB00011B/3099